習慣化コンサルタント 古川武士

(理想の人生をつくる)
習慣化大全《しゅうかんかたいぜん》
LET'S GET YOUR SWITCH

Discover

英語を上達させて
海外で働く
夢をかなえたい

毎日早起きして
副業の準備をしたい

意思や根性だけに頼らずに
習慣化できる方法
を知って理想の人生を
手に入れませんか？

マイナス思考から
抜け出し
もっと人生を楽しみたい

これまでの人生で
こんなことに
悩んだことは
ありませんか？

なにをやっても
三日坊主……
コツコツ続けられる
ようになりたい

自分のやりたいことって
なんだろう？
それが見つかれば
人生変わるのに……

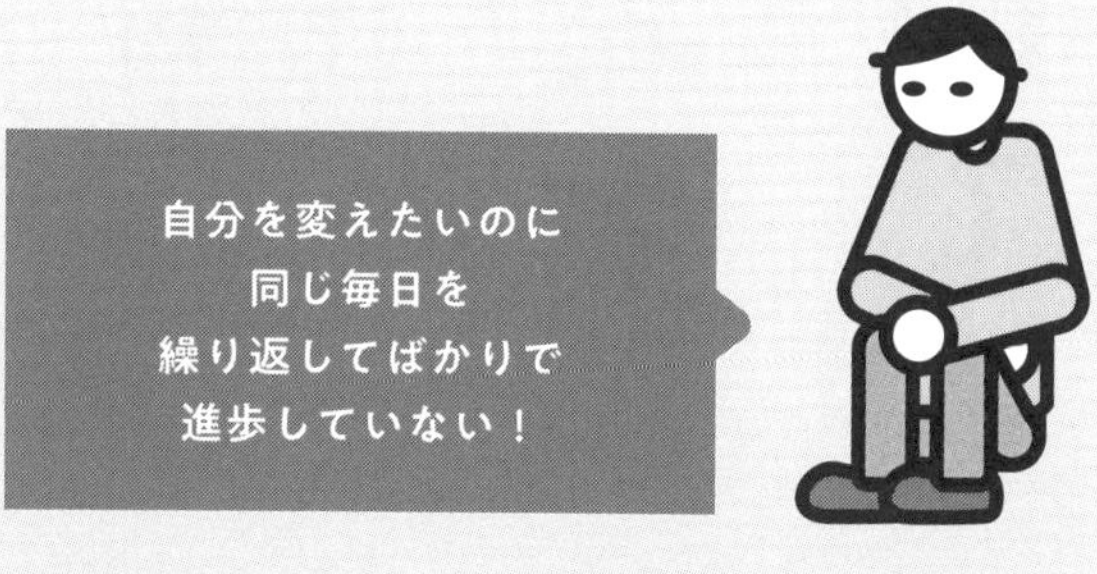
自分を変えたいのに
同じ毎日を
繰り返してばかりで
進歩していない！

誰しもがこうした思いを大なり小なり
抱いているのではないでしょうか？

実はこれらはすべて
「習慣」が原因です。

あなたの人生は「習慣の積み重ね」によって
かたちづくられています。

「人生を変える」
ということは
「習慣を変える」
ことなのです。

そして、行動と思考の
約80％が
パターン化され
日常での中で**無意識的**に
繰り返されています。

そのためなかなか習慣を
変えられないのです。

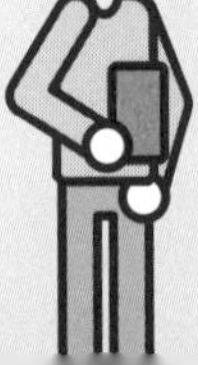

しかし

「習慣を変えるのは
難しいから仕方ない！」

と諦めないでください。

なぜならば

人の幸せの9割は
習慣によって決まる

からです。

本書で、
行動・思考・感情・環境の
切り口から

うまく自分を乗せて
習慣化
できるようになる

65の方法をご紹介します。

いますぐ
習慣化のスキルを
身につけて
悔いのない
理想の人生を
つくりましょう!

本書はこんな人におススメです

悩み1

続かない・やめられない

早起きやダイエットなど
「なにをやっても続かない」
「やめられない」「先延ばししてしまう」
これらは意思や根性の問題というより
自分をうまく乗せるコツを掴むことで
習慣化できる確率を高められます。

第1章で
行動の習慣
が変わる
26の方法を紹介

悩み2

マイナス思考で考えてしまう

「自分に自信が持てない」
「失敗を恐れて行動できない」
「批判されると心が折れる」

こんなふうになりがちな人は
自然に自分の気持ちが乗る考え方を
採用するようにすれば
マイナス思考から抜け出し、
ポジティブな気持ちになっていけます。

第2章で
思考の習慣
が変わる
18の方法を紹介

悩み3

心が乱れ、充足感を得られない

「不安や自己嫌悪で心が乱れる」
「生きがいや働きがいを見いだせない」

このような気持ちになることはありませんか？
自分の感情にフォーカスして
心を整理すれば、気持ちは落ち着き
本当の自分の欲求を探求することで
やりたいことや生きがいが
見つかります。

第3章で
感情の習慣
が変わる
15の方法を紹介
不安だ～

悩み4

1年前から成長していない

「もっと成長したい」
「一皮剥けたいのに、現状に甘んじている」

なぜ私たちはなかなか変われないのでしょうか？
無意識に「安全・安心・安定」を守るべく
新しい変化に抵抗するからです
しかし人は〝朱に交われば赤くなる〟生き物なので、
環境を変えれば成長ステージへ飛躍できます。

第4章で
環境の習慣
が変わる
6の方法を紹介

本書の読み方

まず総論となる序章を読んでいただき、全体像を掴んでください。第1章以降は各論ですので、どのパートから読んでいただいても結構です。ご自身のニーズに合うところからご覧ください。

また、習慣化の方法は65個すべてが全員に当てはまるわけではありません。「この方法なら自分に合いそう。うまく自分を乗せられそう」というものを発見していただくためにできるだけ多くのアプローチをご紹介しました。

すべてを習得するのではなく、ビュッフェのような感覚で自分に合うものだけを選んで実践してみてください。

そして願わくは、本書をつねに手元に置いていただき、習慣化したいものが見つかったときや行き詰まったときなどに何度も読み返していただくことを想定して書きました。

習慣化で理想の人生を手に入れる一助になれば幸いです。

習慣化大全

理想の人生をつくる

CONTENTS

第2章

思考の習慣

マイナス思考から抜け出す

自分を乗せるモノの考え方・捉え方……154

第3章

感情の習慣

やりたいことを見つける

第4章

環境の習慣

変化しない自分を成長させる

序章

習慣化で理想の人生をつくろう

習慣化できない理由は見えない領域にある

「やると決めたことを続けられれば、人生は変わる」

これについては、誰も異論がないところだと思います。

問題は、習慣化を精神論や根性論で乗り切ろうとすると辛くなり、結局続けられなくなることです。

習慣化を成功させるために大切なのは、**習慣化を妨げているボトルネックがどこに存在しているのかを把握してアプローチする**ことです。実は、習慣化できない行動にだけ目を向けても解決できないケースが非常に多いのです。

習慣化できない原因がどこに眠っているかは、下の氷山モデルを使って洞察します。深層構造を6つのレベルに分けて、階層的にとらえていきましょう。

深層構造の氷山モデル

1つ目は、**行動レベルの対策**です。

「行動できない」「続かない」という現象は、氷山モデルでいうと海面の上に出ている表面的な行動レベルということになります。

「英語学習が続かない」「早起きができない」「お酒がやめられない」などは、小さな行動からはじめる、例外ルールを設けるなどの行動習慣のテクニックで解決できることがたくさんあります。この行動レベルからのアプローチで習慣化できれば手っ取り早いのです。そうしたテクニックは第1章で26個ご紹介します。ただ、それよりも**深いレベルに習慣化を妨げているボトルネックがあるケース**があります。その場合は、2つ目以降のアプローチに目を向けていきます。

2つ目は、**思考レベルの対策**です。

モノの考え方や捉え方は、無意識的に繰り返す思考の習慣です。

行動できない人や継続できない人にありがちな思考習慣の代表は、0点か100点かでしか評価できない極端な完璧主義です。そういった人は、行動するときに100点にしようと強烈なプレッシャーを感じて、動きが鈍くなってしまうのです。また、1、2日続けられないときがあると自己嫌悪に陥り、「もうダメだ」とあきらめてしまう傾向があります。そんな人は完璧主義思考を緩めるアプローチをすれば、動けるようになります。第2章で思考の習慣にアプローチする18の方法をご紹介します。

3つ目は、**感情レベルの対策**です。

私が習慣化のコンサルティングをするたびに思うことは、感情にフォーカスすることがいちばん重要なポイントであるということです。極論を言えば習慣化は、**「楽しいことは続くし、苦しいことは続かない！」**という快・不快の感情法則に尽きるのです。

よって感情が乗れば続くので、どうすれば感情パワーを使って習慣を継続できるか、悪い習慣をやめられるかに言及していきます。また、人生や生活がどんな感情に突き動かされているか、自分の感情のパターンを見てみましょう。行動や思考にパターンがあるように、心で感じている感情にも同様にパターンがあります。私はこれを「感情の習慣」と呼んでいます。

4つ目は、**ビリーフレベルの対策**です。

では、「感情を生み出すものはなにか？」を考えてみましょう。氷山モデルでいうと、第4階層にある「ビリーフ（無意識に正しいと信じている考え）」です。

たとえば、「私はなにをやってもダメだ」「私は人よりも劣っている」というビリーフがあると、無力感・自己嫌悪感・絶望感という感情が心を占有します。このネガティブビリーフが感情をつくり出し、行動や継続を止めます。逆に、「私はやればできる」「努力は嘘をつかない」というポジティブなビリーフを信じていると、自己肯定感や希望、勇気が湧いてきて行動の原動力になります。このようにして感情をポジティブにすれば、行動も前に進むようになります。

5つ目は、**本質レベルの対策**です。

氷山の根底にあるものは「本質」です。私たちには、「三つ子の魂百まで」と言われるように年齢を経ても変化しにくい、持って生まれた性格資質と欲求があります。これは、ビリーフよりさらに強力な感情をつくり出している個々人の独自の欲求です。欲求が、私たちの行動や習慣を根底レベルで突き動かしています。

あなたは次の9つのうち、どの欲求を強く持っているでしょうか？

1 **完璧を追求したい**
2 **人とつながりを感じたい**
3 **目標を達成したい**
4 **オリジナリティを発揮したい**
5 **納得いくまで深く考えたい**
6 **安全・安心を感じていたい**
7 **つねに楽しくありたい**
8 **自分に強さを感じたい**
9 **マイペースでいたい**

この9つは、性格資質を知るのに有効なエニアグラムの「根源的欲求」を書きだしたものです。習慣化を成功させる重要なコツは、自分の欲求メカニズムをうまく活用することです。

たとえば英語の勉強をする場合、「2 人とつながりを感じたい」タイプならば、気の合う先生や仲間を見つけると勉強が楽しめるでしょう。「3 目標を達成したい」タイプなら、TOEICの目標点数を決めたほうが燃えるかもしれません。「5 納得いくまで深く考えたい」タイプであれば、英語学習法や英語教材など多くのやり方を徹底的に情報収集して、もっとも効果的な方法を絞り込めば前に進み出せます。

習慣化が下手な人は、自分の欲求パターンを無視して、自分に向いていない方法をしていたり、違うタイプの人のやり方を手本にしていたりします。しかし、人それぞれ勝ちパターン・幸せパターンは違うのです。

また、本質に従うだけで、面白いほど生きやすくなってきます。だからこそ、深い話になりますが、本書でみなさんと探求していきたいと思います。

第3章では、ビリーフと本質を含む感情の習慣にアプローチする15の方法をご紹介します。

6つ目は、**環境レベルの対策**です。

これまでの5つのレベルが自分の内側の話であったのに対し、環境レベルは**友人や会社など**

自分の外側の話です。

私たちの行動・思考・感情・ビリーフは、身を置く環境から強く影響を受けます。たとえば、どんな会社にも社風があり、価値観や行動規範が存在し、それが私たち自身に強い影響を及ぼしています。

幼少期ならば親や学校の人々の影響を、社会人ならば会社の人々の影響を多く受けるものです。そのため、つき合う人や環境を変えると刺激を受けて、自分の行動・思考・感情・ビリーフも進化していきます。私もかつて社会人勉強会などに参加しており、当時勤めていた会社では出会うことのない意識の高い人たちと接し、「このままではダメだ、俺はもっとできる」と自分の限界を突破する勇気をもらいました。自分が身を置く環境も習慣です。

第4章で、環境にアプローチする方法を6つご紹介します。

本書では、理想の人生をつくるために習慣を変えることを目的に、行動習慣・思考習慣・感情習慣（ビリーフと本質を含む）・環境習慣の4つに分けて、65の方法をご紹介します。

なるべく読みやすいように1つずつ独立した項目で紹介しますが、この全体構造を踏まえてお読みいただけますとつながりが理解しやすいと思います。

幸せの90%は習慣から生まれる

「人生の目的は幸せ（幸福）になることである」と、古代ギリシャの哲学者アリストテレスは言っています。

本書は、ＱＯＬ（クオリティー・オブ・ライフ：生活の質）を高めることに主眼を置いています。朝早く起床し、早朝出社をし、夜は英語学習や運動をするというように寸分の無駄もない完ぺきな生活習慣を身につけることを理想としているわけではありません。百歩譲ってそれが実現できても、全員がこのような日々を送って、人生が豊かになるわけではありません。

本書で私は、習慣化によって、みなさんが各自で思い描く、幸せや人生の豊かさを手に入れることを応援したいと考えています。

幸福の公式

H	=	S	+	C	+	V
Happiness 幸福		Set point 規定値		Condition of living 生活状態		Voluntary activities 自発的活動
		↓ 捉え方 考え方		↓ 事実 出来事		↓ 自己コントロール 規律・自由選択
		40%		10%		50%

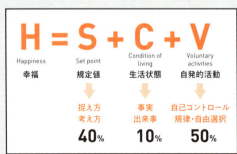

では、「幸せ」とはなんでしょうか?

お金持ちになることか、出世して名誉を得ることか、はたまた良い結婚をすることなのか、定義が難しいものです。

この問いに答えはないものの、1つの視点としてシンプルにわかりやすく表現しているのが、ポジティブ心理学の「幸福の公式」です。私の解釈も交えながらご説明します。

ポジティブ心理学とは、心理学を心の病の治療ではなく、人生の豊かさを高めるために使っていこうというものです。

そして、ポジティブ心理学の第一人者である3人の教授――ソニア・リュボミアスキー、エド・ダイナー、マーチン・セリグマン――が研究開発したのが、幸福の公式です。幸福の公式とは「H=S+C+V」です。

これは、「幸福(Happiness)=規定値(Set point)+生活状態(Condition of living)+自発的活動(Voluntary Activities)」を意味しています。

つまり、幸福というのは、「規定値」と「生活状態」と「自発的活動」の3つの要素に左右されるということです。カンタンに3つの要素を解説します。

①規定値：ものの考え方や捉え方

これは、ふだんの状況でどれぐらい幸せな状態でいるかという考え方の規定値を意味しています。同じ出来事に遭遇してもピンチだと解釈する人もいれば、チャンスだと見る人もいます。このような考え方の相違は脳に根をおろし、時間が経ってもあまり変わらないといいます。

ポジティブ心理学では遺伝や変わりにくいものと言われていますが、私は思考習慣次第で規定値は変わると考えています。たしかに遺伝や親の影響を強く受けるものですが、トレーニング次第で後天的に大きく変わる余地があります。いずれにしても、私たちは、**事実よりそれをどう解釈するかで幸福度の40%が左右される**というのです。

②生活状態：日々の出来事や人生における出来事（幸運や不運）

この理論では出来事が幸福感に影響する度合いは、10%程度しかないと言っています。たとえば、宝くじに当たっても、それが幸福に長くは影響しないし、その逆に、会社の倒産や病気など不幸な出来事も、一時的には幸福度を下げますが、最終的にはまたその人が持つ考え方の規定値に戻っていくのです。つまり、**どんな出来事があろうと、規定値でポジティブに捉える人は結局、不遇の中にプラスな側面を見るし、ネガティブに捉える人は幸運の中でも恐れや不安に意識が集中してしまう**のです。起こる出来事次第でたしかに感情は一時的に上がったり下がったりしますが、幸福度に長くは影響しないとされています。

③自発的活動：自分が選択した活動をしているか、自分で選んだ感覚を持って生きているか

周囲に振り回されたり、気分に流されて規律が守れないといった、自己コントロール感を失った状態は幸福感を下げます。

生活・人生・仕事・家庭において、**「～させられている」ではなく、「～している」という主体性・能動性・積極性を取り戻すことで豊かさが高まります**。この3つ目の自発的活動はなんと幸福感に50％もの影響力があるのです。

早起きが人気なのは、会社の出社時間に起こされるのではなく、自分で決めた時間に起きることで、自己コントロール感を取り戻せた感覚を持てるからでしょう。

また、人生で自分が好きなこと、使命感の持てることを仕事にすることも重要です。**「人生は自分で選べる！　選んでいる！」という感覚があると、幸福感はぐっと上昇する**のです。主体的に生きていることを実感することが重要です。

まとめると、幸福感の要素は、規定値40％、生活状態10％、自発的活動50％となります。そして、「規定値（40％）」とは思考習慣で、「自発的活動（50％）」は行動習慣、好きなことをやっている感覚が影響してきます。

幸福感の90％は「習慣」によるものであり、幸せと習慣化は密接なつながりがあります。

習慣化の鍵は〝自分の乗せ方〟

突然ですが、沈没船ジョークを聞いたことがありますか？

各国の国民性、価値観をわかりやすく表したジョークです。

世界の人々が大勢乗った豪華客船が今、沈没しようとしています。脱出用ボートの数は、乗客分は存在しません。そこで、船長は乗客を海に飛び込ませようとするのですが、それぞれの国民に応じて言葉がけを変えます。

アメリカ人に対して「あなた、飛び込めばヒーローになれますよ」
イタリア人に対して「ねえ、海で美女が泳いでいますよ」
イギリス人に対して「紳士というのはこういうときに海に飛び込む人です」
ドイツ人に対して「規則ですので海に飛び込んでください」
日本人に対して「みんなはもう飛び込みましたよ」

韓国人に対して　「日本人はもう飛び込みましたよ」

それぞれの国民で動機となるものが違うというたとえとして、とても興味深いですが、このジョークから2つの示唆が得られます。

1つ目は、**モチベーションがつくられるメカニズムはそれぞれ違う**ということです。この例では、社会で美徳とされていることによってやる気のスイッチが異なるということです。これは集団だけではなく、私たち個々でもモチベーションの刺激されるポイントは違います。

2つ目は、**このモチベーションのメカニズムを理解してしまえば、ちょっとした工夫でやる気を変えられる**ということです。ヒーローや美女、規則など言葉を少し変えるだけでやる気になるように、早起きも運動も片づけもちょっとした工夫でやる気を出せるのです。

マインドを変えるとなるとかなり大変ですが、自分の感情メカニズムに火をつける方法を少し工夫するだけならば、できそうな気がするのではないでしょうか？

本書のテーマは、**やる気やモチベーションを無理に高めようとするのではなく、うまく自分を乗せる方法を見つけること**です。自分をうまく乗せることができれば、自然にモチベーションに火をつけることができます。そのためには、自分を乗せるスイッチを見つけておくことが重要です。

たとえば、早起きを例にとりましょう。正解や正しさ・ノウハウを先行させるのではなく、**どうすれば自分が乗れるかで発想してみる**のです。

一時期流行った、朝活で早起きが定着したという人もいますが、すべての人がそれでやる気が上がるわけではありません。

有名店のパンを用意すると朝起きるのが楽しみになる人もいれば、朝起きる時間を宣言してフェイスブックに毎朝投稿するよう追い込むことで、自分を乗せる人もいます。

ベランダチェアを置いてコーヒーを飲みながら新聞を読むことが楽しみになって起きられるようになった人もいれば、静かな通勤電車で本を読むことが快感で続くようになった人もいます。

朝のジョギングをして出社することが1日の好循環のセンターピンだと実感して以来継続できている人もいます。

運動も同じです。全員がジムでジョギングマシーンに乗ればいいというものではありません。夫婦でウォーキングするなら続く人も、テニスなら楽しくできる人、無理せず15分水泳することなら続くという人もいます。私は空手で強くなるための運動なら気持ちが乗ってきます。

また、別アングルから言うと、ウエアを可愛くしたら走りたくなる女性もいれば、仲間と皇居ランをするのが楽しみでやっている人もいます。トライアスロンにチャレンジする、フルマラソンを完走するという挑戦目標をつくって継続している人もいます。

要するに、**ちょっとした行動の工夫で、その人のモチベーションは燃え上がる**のです。裏を返すと微妙にツボを外したらうまくいかないとも言えます。

私は多くの人をコーチングして、習慣も人生も好転させるツボは「自分の乗ることをやるセンス！　自分の乗らないことをやめる勇気！」を身につけることだと思うようになりました。

そこで本書の中核的なコンセプトを、「自分をうまく乗せる」に置いています。

「それって、乗る？　乗らない？」「乗らないならどういうやり方なら乗れそう？」と自分に聞くことが答えを探る道です。「どうすれば自分の行動を乗せられるか？」「どういうモノの考え方・捉え方をすれば乗れるか？」「気持ちを乗せるためのビリーフや欲求はなにか？」「自分を乗せてくれる環境はどこにあるのか？」

本書では、行動、思考、感情、環境の習慣の65の切り口からうまく自分を乗せる方法を探していただければと思います。ご自身にぴったり合うスイッチを見つけていただくため、できる限り多くご用意し、『習慣化大全』としました。自分に合わないものは無視して、合うものを選びとってみてください。

第1章

行動の習慣

先延ばし・続かないを乗り越える

自分にぴったり合う行動スイッチを見つけよう

こんな悩みはないですか？
早起き・運動・日記・片づけ・英語学習などを続けられない
食べ過ぎ・飲み過ぎ・スマホの見過ぎなどをやめられない
新しいことをはじめたいけど、失敗が怖くて行動できない。
面倒なメールや報告書など、嫌なことはいつも先延ばしにしてしまう。

「続けられない」「やめられない」「行動できない」「先延ばしにする」
行動面での悩みは、４つのキーワードに集約されるのではないでしょうか？

続かない・やめられない

- 早起き（夜更かし）
- ダイエット（食べ過ぎ、飲み過ぎ）

- 片づけ
- 英語勉強
- 運動
- 日記・ブログ

先延ばしにする・行動できない

- 嫌な仕事は後回しにする
- 面倒なことは期限ギリギリにやる
- はじめてのことはなかなか取り掛かれない
- 夢と目標に向けて行動できない
- 未完了のタスクを溜めてしまっている

これらは、根性論で無理やり突破せずに、「自分をうまく乗せる」方法を見つけてあげることで打開しやすくなります。

テクニックというより、コロンブスの卵のようなもので「そうか！　これならやれそうだ」という小さな気づきによって自分にフィットするやり方が生まれます。

ただ、100人いたら100通りあるので、残念ながら「あなたにはこれがぴったり！」と提示することはできません。私にできることは、あなたが自ら気づけるように、多様な方法とヒントを紹介することです。

まず、カンタンに習慣化について概略を解説します。なぜ私たちは新しい習慣を続けられないのでしょうか？　結論から言うと、脳には安全を守るために「新しい変化に抵抗し、現状を維持する」機能があるからです。

私はこれを「習慣引力」と呼んでいます。新しい習慣をはじめる、また現状の習慣を変えようとすることは脳にとって「**新しい変化**」なのです。そこに良い習慣も悪い習慣もないのです。必死に変化に抵抗するため、三日坊主に陥るのです。

一方、脳は一定期間続けると今度はその行動を「**現状維持**」しようとします。ある行動が無理なく続くのは「現状を維持する」段階に入っているからです。これこそ習慣化された状態です。習慣化された状態に入れば、ダイエットも片づけもリバウンドしにくくなります。習慣にはさまざまな種類がありますが、片づけ・英語学習・日記・節約などの習慣は、習慣化に要する期間は1か月。ダイエット・運動・早起き・コミュニケーション・禁煙など身体のリズムに関わる習慣は、習慣化への期間は3か月を目安にしてください。

習慣化の理論について興味のある方は、くわしくは拙著『30日で人生を変える「続ける」習慣』をお読みいただければと思います。

さて、ここでもっとも重要になるのが、続けるモチベーションです。

あなたのやる気が燃えるのは「アメ（快感）系スイッチ」と「ムチ（強制力）系スイッチ」のどちらでしょうか？　これは習慣化したい内容によっても違いますが、本人の性格によって大きく分かれます。

私はおおむね、ムチタイプです。「早朝出社は、目標を周りに宣言して退路を断つ」とスイッチが入ります。

一方、アメタイプの人は、「早朝出社ができたら美味しいコーヒーを飲む」とか、「ダイエットができたらお気に入りの洋服を買う！」とご褒美などの快感を主軸に自分を乗せていきます。

第1章では、「行動の習慣」を変える26の方法をご紹介します。続けるモチベーションのスイッチに万能薬はありませんので読みながら自分に合うものを探求してください。自分を乗せる行動スイッチが3つぐらい見つかればいいと思います。

楽しむことを第一優先にする

しましょう！

R

「楽しむ！」は、習慣化において意外と見落とされがちなポイントなので、1つめにご紹介します。

まずは「苦痛なことでも根性で続けることにこそ、美徳がある」という価値観から解放されましょう。

そういう人は、楽しみながらやれることは遊びでしかないと思いがちです。でも、無理に楽しくないことをしても長続きしません。習慣化はテクニック論だけではうまくいきません。

「なにをすべきか」ではなく、「なにをしたいか」からスタート

好きなことは続くし、辛いことは続かない

楽しい

○

なぜなら私たちは感情を持った生き物であり、原則、**好きなことは続くし、辛いことは続かない**からです。

たとえば、私はジムに行っても、ランニングマシンが苦手でどうしてもやる気になれません。

でも水泳は好きなので行くのが楽しみになります。

脂肪燃焼効率を考えれば、水泳よりランニングのほうが効果は高いのかもしれませんが、だからといって、歯を食いしばって苦手なランニングをするよりも、楽しく感じられる水泳をしたほうが継続できて、長い目で見れば効果的です。

あなたへの質問

Q

どうすれば今やろうとしていること、続けようとしていることを楽しめますか？

もし運動をはじめたいと思っているなら、テニスでも、ヨガでも、卓球でも、ウォーキングでもなんでもいいので、楽しめるかどうかを第一優先基準にして選んでみてください。

運動を例にあげましたが、早起きや片づけなども同じです。

いかに楽しむかを先に考えないと、義務感やノルマだけで自分を動かそうとするとずっと大変なままです。

「なにをすべきか」ではなく、**「なにをしたいか」からスタート**してください。

好きな映画を
教材にすれば
英語学習も
楽しくなる！

A

運動は、
テニスなら
続けられそう！

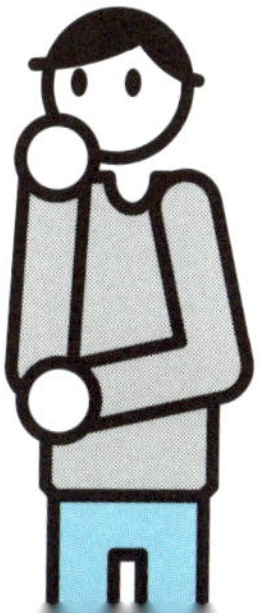

「これならできる！」から はじめる

後からついてきます

極端なダイエットをせずに
まず昼食のご飯を半分にしてみる

10年間毎日、日記を書き続けている人に継続のコツを聞くと、答えは「無理しないこと。

1行だけでもいいから、毎日書くこと」と言っていました。

そう、この「ベビーステップ」こそが、行動や継続の真髄です。

ベビーステップとは、**なにかをはじめるときに赤ちゃんのような小さな一歩から踏み出すこと**です。

大変なのは「最初の一歩」動き出せば、モチベーションは

いきなり5時起きするのではなく、今より15分だけ早起きする

行動を起こすまではとても気が重かったのに、一歩踏み出してみたら、やる気が後からついてきて行動が進んだといった経験はないでしょうか？

私たちは**行動を「0」から「1」にするのに膨大なエネルギーが必要ですが、「1」を「2」や「3」にするのは、さほど力がいらない**ものです。初動がもっともパワーを必要とするのです。

続けられない人は、例外なく完璧主義者です。

そのため、日記を1行だけ書くという発想は出てきませんし、「どうせやるなら、ちゃんとやらないと意味がない」とハードルを高めてしまいます。

Q あなたがすぐにはじめられるベビーステップはなんですか？

しかし、無意識にその高めたハードルが今度はノルマになり、なかなか行動できなかったり、続かなかったりするのです。

このベビーステップではじめるという習慣は、先延ばし、続かない、行動できないという悩みを一気に解消する強力な解決策です。

ポイントは、**「面倒」「恐い」「不安」などの感情が出てこなくなるまで徹底的に行動のハードルを下げる**ことです。

そして、継続のためには初動のハードルを下げてでも行動をゼロにしない、ということです。

A

ウエアに
着替えるだけ

まず腕立て
5回からはじめる

15分だけ
早起きする

〈ベビーステップの具体的な設定方法〉

- ジョギングをする→ウエアに着替える
- ダイエットする→お昼ご飯のライスを半分にする
- 片づける→5分間だけ片づけをする、トイレだけ綺麗にする
- 禁酒する→ビール3杯のところビール2・5杯に減らす
- 朝5時に起きる→今より15分だけ早起きする

これなら一歩を踏み出すことができるのではないでしょうか？

試しにとりあえず・・・・やってみる・やめてみる

夜に走ってみる

感情レベルで自分にぴったり合うものは無理なく継続できます。

自分の気持ちが乗るか乗らないかは、実際にやってみるとはっきりわかります。

たとえば、「運動を日課にしよう!」と決めたとします。

ジョギングやテニスなど、どんな運動だと自分は乗るのかを知るためにとりあえずよさそうなものをいくつかは、やってみることをお勧めします。

そうすると、「ジョギングは驚くほど

いろいろ試してみて、自分に合うものを選びましょう

朝に走ってみる

気持ちがいい！」とか「テニスは思っていたよりも楽しくない」など、心身が教えてくれます。

また、「朝に走るのが良いか、夜に走るのが良いか？」と迷ったときは、まずは両方試してみることです。

朝派の人は、「早朝、静かで凛とした空気を吸って走るのがたまらない！」と言います。

逆に夜派の人は、「今日イライラしたことや明日への不安など、仕事のストレスを洗い流して1日を締めくくれる」ことを、続けるメリットとして語ります。

正解はないので、試してみて自分の気持ちが乗るほうでやればいいのです。

Q

どんなことを実験的に試してみますか？もしくはやめてみますか？

やってみるだけでなく、実験的に〝やめてみる〟というアプローチも効果的です。

たとえば、「試しに1週間、朝15分間だけメールを見ない」「不要そうな定例会議をまずは2週間やめてみる」、「22時以降はスマホを見ないように3日間だけ電源をオフにする」「3日間だけ定時退社してみる」という具合に実験してみます。

やめることの弊害を恐れている場合、試しに少しだけやめてみないと、どの程度弊害があるかわかりません。**実際に弊害が生じれば戻せばいい**という安心感のもとでやめる実験をしてみて、良ければ採用すればいいのです。

今週末に1回、
テニスの
体験レッスンに
行ってみよう

A

ダラダラ残業を
やめるために
3日間、定時に
退社してみる

やると決めたから「ずっとやらなければいけない」、やめると決めたら「ずっとやめなければいけない」という義務感ほど、自分の気持ちを乗せるのとは真逆なものはありません。

実験してみて、合うものを取り入れる、ダメならどんどん次のアイデアを出して軌道修正しましょう。

けば、

元気がないときはテキストを1ページ読むだけでいい

SWITCH 04

大変な日は「例外ルール」で乗り切る

「毎日1時間、英語の勉強をする」
「朝5時に起きる」
「毎日30分ジョギングする」

このように決めても、それを同じペースで1ケ月間守り通すのは至難の業です。

たとえば、「毎日1時間、英語の勉強をする」と決めていても、「突然のトラブルで残業が発生し、終電帰り」になったり、「上司に怒られて気持ちが落ち込んでいる」「寝不足で疲れていてなにもやる気がしない」「飲み会で酔っていて

習慣に“例外ルール”を設けておどんなときも柔軟に対応できます

残業した日の英語学習は
「電車で英単語」だけでOK

勉強するには集中力がない」など、さまざまなイレギュラーな出来事が起こりえます。

こういうイレギュラーな出来事のせいで、習慣化したい行動をサボる日が続くと、自己嫌悪に陥ったり無力感を感じたりしてやる気がなくなり、挫折の道に突き進んでしまいがちです。

これを未然に防ぐために「例外ルール」を設けましょう。

例外ルールとは、イレギュラーな出来事への対応をあらかじめルール化しておくことで、状況の変化に柔軟に対応できるようにする仕組みです。

Q

あなたの習慣には どんなイレギュラーなことが 起こりえますか？ どんな例外ルールを 設けますか？

たとえば、「気分が落ち込んだり、疲れたりしているときは、テキストを1ページだけ読めばいい」「23時以降に帰宅する日は帰りの電車の中で単語帳を読めばいい」といったルールが考えられます。

例外ルールは、**自分を甘やかすためではなく、継続への柔軟性を持たせるためのもの**です。

とくに完璧主義傾向の強い人は、完璧にできなければ「やらなかったのと同じ」と極端に考えがちなので、例外ルールは非常に有効です。

習慣化のコツは、**軌道に乗るまで行動をゼロにしないこと**です。

疲れているときは
1時間のラン
ではなく、15分間
歩くだけでいい

A

残業した翌朝は
「5時起き」はせず
「7時起き」でいい

ゼロにすると再始動するのにものすごくエネルギーを使います。

疲れているときや予定が詰まっているときは、例外ルールを上手に活用して、「ゼロにしないで、今日も一応やれた！」と思えるようにしてください。

カタチから入る

して、

高いゴルフドライバーを買って、やる気アップ！

「私はカタチから入るタイプでして……」とおっしゃる人は多いものです。

これはけっして悪いことではなく、習慣化のモチベーションUPのためには有効なことです。

ある女性は、皇居ランを日課にするために、少し奮発して高価な可愛いウエアを買いました。

「体にもいいことができて、かつ自分が可愛く見えるならがんばろう！」と、彼

やる気がアップする道具を用意
自分をその気にさせましょう

オシャレなウエアを買って
走るのが楽しみに！

女は気持ちが乗ってくるそうです。

ゴルフでも、高いドライバーやウエアを買い揃えることでモチベーションが上がる人は多いです。

高いドライバーに見合う技術を身につけようと、練習に励むようになります。

また、読書日記をつけるにしても、まずはつねに持ち歩きたくなるような高級なノートとペンを用意すれば、それを取り出して書きたくなるものです。

そして自然と読書日記をつけることが習慣化されていくのです。

私は20代の頃、絵画教室に通ったことがあります。

Q どんなカタチから入るとやる気が上がりますか？

イーゼル（パネルボードや絵を斜めに固定する置き台）とカラフルな絵の具のセット一式とデッサン用鉛筆を買い揃えました。

画家になったような気持ちになり、豪華な絵画セットに見合う実力を身につけようと、熱心に絵画教室に通ったものです。

道具やウエアなどを買い揃えると俄然やる気になるという人は、ぜひ実践してください。

もし、あなたが行動するときに、カタチから入ることで気持ちを乗せることができるならば大いにこの方法を使いましょう。

お気に入りの
道具一式を
揃える

A

かっこいい
ウエアを
買う

ば、

人と一緒にやる

一緒に熱中する仲間がいると
気を抜かずにがんばれる

人となにか一緒にやったり、誰かと情熱を共にしたりすることでやる気になる人がいます。

私の両親はウォーキングを日課にして、20年以上が経ちます。「夫婦で歩くから続く」と言っています。

たんなるウォーキングの時間ではなく、おたがいが健康になっていく効果を感じたり、子どもや孫の話などをふたりで語らう時間になっているのも継続の要因のようです。

一緒に取り組む相手をみつければ楽しんで続けられます

ふたりでウォーキングすれば
会話ができて飽きずに楽しめる

私の友人は、家計簿を分析するだけのコミュニティを主催しています。

家計簿の分析は個人でやるもののように思えるかもしれませんが、たんに家計簿をつけることは一人でできても、それを分析することはかなりハードルが高いものです。

しかし、分析をしなければ家計簿をつける効果は限定的です。

このコミュニティでは、同じような悩みを抱えた人たちが1ヶ月に1回、セミナールームに家計簿を持ち寄って集まって、黙々と集中して振り返り、分析をするのです。

Q 誰と一緒にやると行動したり継続したりできそうですか？

別になにか教わるために集まるということより、その場所に行けば、**みんな同じ目的で集中して分析しているので、自分も深く考えるモードに入ることができ、改善アイデアが湧いてくる**のだそうです。

資格勉強も同じで、黙々と1人で家にこもってやるよりも、スクールに行けば同じ情熱を持つ人たちのエネルギーが感じられて、モチベーションは高まります。私たちは人から影響を受けるものです。

やりたいことがあったら、誰かを誘ってはじめてみたり、すでにあるコミュニティに参加してみましょう。

人と一緒にやることで情熱を感じ、継続できることがあります。

A

水曜日に仲間と
皇居ランをやる！

朝活コミュニティに
入ったら
早起きができそう

ヒアリングして、人の真似をしてみる

自分の気持ちを乗せる行動のヒントは、**人からの情報**にあり。

たとえば、英語の勉強を続けたいなら、「続いている人」にどんなやり方をしているか聞いてみるといいでしょう。

Aさんは「土日は図書館でやっているよ」、Bさんは「通勤時にスピードラーニングを聞き流しているだけ」、Cさんは「早朝にスカイプで英会話レッスンを受けている、早起きもできて一石二鳥だ

習慣化できている人の実践例をいいものはマネしてみましょう

休日は図書館で勉強してるよ
ひたすら移動中にスピードラーニング
早朝にスカイプ英語レッスン

よ」、Dさんは「TOEIC800点を目標にがんばっている」、Eさんは「子どもと土日に一緒に勉強する時間をつくっている」、Fさんは「TEDのスピーチを教材にして毎日1本分勉強している」など、10人聞けば10通りの方法が出てきます。

その情報の中で、**正解ではなく、自分の気持ちが乗ってくるものをやってみたらいい**のです。

ほかにも時間管理術なども、実にそれぞれの生きた知恵・工夫があります。

たとえば、メールの返信の仕方、提案書のつくり方、上司へのホウレンソウの工夫などもこのスーパー具体例を聞くこ

Q 実践している人のスーパー具体例をどのように集めますか？

とで自分に合うものを見つけることができます。

ノウハウを学ぶより、〝まねぶ〟ほうがすんなりいくのは、行動が実践レベルで明確だからです。

私はこのように、事あるごとに勉強の方法や時間管理術に限らずなんでも〝スーパー実践例〟として周囲の人にヒアリングしています。

ここで大切なのは、習慣化の発想力が高まることです。

多様な人の工夫を知るたびに自分のアイデアの幅が広がります。

でも、直接人に聞きにくければ、ネットを活用するのも1つの手です。

友人におススメの
手帳を聞いてみて
自分も使ってみる！

職場の同僚に
メールのチェックや
返信の工夫を
聞いてみる

A

サイトやSNSで、たくさんの人々の実践例を知ることができます。

人の実践例を聞くと「あっ、それいいかも！」と思えたりして、そこから気づきが生まれてくるものです。

こうやって考えついた実践法は、すごく自分に合っていて続けやすくなります。

SWITCH 08

テンションが上がるご褒美を用意する

自分を乗せましょう

ビックプロジェクトが
完了したら旅行に！

ベタな方法ですが、続けるモチベーションUPのためにご褒美を用意すると効果的です。

気合いのいることをはじめようとしていたり、大変なことに取り組んでいたりしているのであれば、〝ニンジン〟をぶら下げておくことがやはり効くのです。

やることによりますが、**小さなご褒美、大きなご褒美を用意してみる**など色々試してみてください。

区切りを設定して、テンションの上がるご褒美で、

タスクをひとつ
こなしたら
15分だけ本を読もう

1日がんばったら
バーでひと息つこう

たとえば、「ジョギングをしたら、風呂あがりにビールを一杯飲める」「早起きしたら、ゆっくりコーヒーを飲みながら新聞を読む」「仕事を効率的に済ませて早く退社したら映画を観に行く」というような具合です。

また、仕事が繁忙期に入り、深夜残業ばかりの辛い日々が続いているときに、「これを乗り切ったら、2日間有休を取って栃木の鬼怒川温泉に行く！」とご褒美を設定すると、少しだけ気持ちを明るくすることができるかもしれません。

もちろん大きなご褒美だけじゃなく、1つの仕事を終えたら「紅茶を入れる」「おやつを食べる」「好きな曲を聴いて気

Q どのようなご褒美があなたのモチベーションになりますか？

分転換する」など、**毎日、短い時間で得られる小さなご褒美も効果的**です。

私は、ふだん90分間集中して執筆したら一旦区切りをつけ、好きな本を15分間読みます。

これは執筆の習慣をがんばる意欲になりますし、気分転換できて執筆を再スタートするのに良いリフレッシュ方法です。

ここでYouTubeを見て、気持ちを切り替えるのも1つの方法ですが、誘惑に流されてなかなか執筆を再開できなくなるので、私にとっては本がいちばんちょうどいいご褒美です。

また、1日がんばったご褒美としての夜の楽しみは、大河ドラマを1本観るこ

ジョギングを
終えたら
ビールを
一杯飲む

A

夜に海外ドラマ
を観て、
1日がんばった
自分をねぎらう

とです。

歴史を学ぶのは仕事に役立ちますし、なにより楽しく、見終わった後に自分の中に残るものがあります。

些細なことですが、がんばった自分には嬉しい習慣です。

このようにさまざまなタイミングで自分にご褒美を与えてあげて、モチベーションをうまくキープしてみてください。

SWITCH 09

記録をつけて達成感を味わう

記録をつけることでモチベーションが上がった！

こんな経験はありませんか？

私が子どものころ、地域の自治体では夏休みには毎日、ラジオ体操に行くことが奨励されていました。

これは正直、子どもだった私には苦痛でした。大人ならともかく、「夏休み中でも規則正しい生活をするためにこの習慣が必要なことなんだ！」と意味づけできていた子どもは稀でしょう。

成果や努力量を数値化すると、モチベーションが上がります

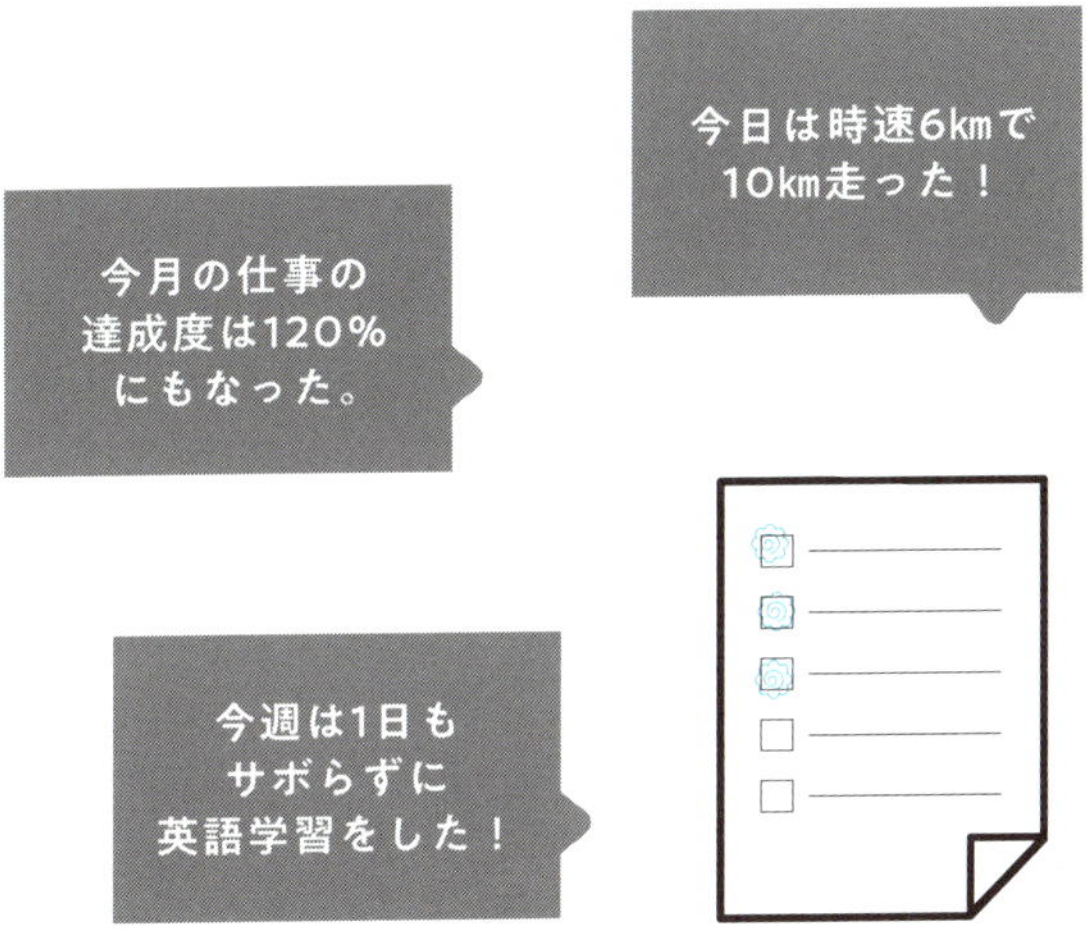
今日は時速6kmで
10km走った！
今月の仕事の
達成度は120％
にもなった。
今週は1日も
サボらずに
英語学習をした！

しかし、嫌々ながらラジオ体操に行って、出欠カードにハンコを押してもらうとなぜかやる気がアップしました。「眠かったけど来て良かったな」と思えたのだから不思議です。

空欄にならないようにハンコをもらうという達成感がモチベーションになっていたのです。

もちろん、皆勤賞ならたくさんのお菓子がもらえるというご褒美もありましたが、なにより「今日もできた！」という○を積み重ねることでやる気が上がっていたように思います。

また、**努力を数値化・定量化する**とさらにやる気が上がる人もいます。

Q どんな記録のつけ方をするとやる気になりますか？（○△×や数値化など）

万歩計がなぜウォーキングに良いかというと、努力量が数字でフィードバックされるからです。数値化されると、人間は「もう少しがんばろう」とやる気に火がつきます。

走るときは、ハートレートモニター（心拍計）をつけて時間を測ると何分／kmで走っているか、脂肪燃焼率などもわかりそれがやる気を支えます。

最近では、睡眠時間と眠りの質を総合評価してくれるものもあります。

この「睡眠スコア」なるものがあると、今日は83点、昨日は50点となれば、眠りが浅い時間が多いから、寝酒をやめよう、運動してから寝よう、30分早く寝て睡眠

記録カードを
つくって、
○をつけていく

A

走った距離と
時間をスマホに
記録する

量を増やそうと改善アイデアと意欲が湧いてきます。

記録をつけたり、成果を数値化したりすることで、自分を乗せられる人は、ぜひ活用してみてください。

SWITCH 10

みんなに「いいね」をもらう

毎日欠かさず
そうじしたら
妻が褒めてくれた

Aさんは、朝にジョギングしたら、スマホからランニング記録を取り出して、フェイスブックに投稿するようにしています。

自分の記録の振り返りとしても使えますが、なによりフェイスブックでつながっている友だちや、ジョギング仲間から「いいね」のコメントがやってくることがモチベーションになっているそうです。

「今日も朝早いですね！」

みんなに褒めてもらって、モチベーションを上げましょう

ハーフマラソンを
完走したら友人が
「すごい」と言ってくれた

年間100冊読んだら
SNSで
「いいね！」をもらえた

「朝の空気、気持ち良さそうですね！」

「私も同じく走りましたよ！」

仲間からのこんななにげない反応が嬉しくて続くのです。

とくに景色の写真をアップすると、みんなからの反応が良くなるので、今日はなにを載せようか探すのも楽しみの1つになっているそうです。


私は、メルマガ登録者に案内するなどして、「ダイエット部」「早起き部」「アウトプット部」「読書部」など同じ目的の仲間が集まって習慣化する部活動を運営しています。

これらの部活動では、フェイスブックに自分の成果を投稿して、おたがいに「いいね」をし合うようにしています。

あなたへの質問

Q

誰にどんな方法で「いいね」をもらうとやる気になりますか？

「誰かに褒められたい。認められたい」という承認欲求は、人間の根源的な欲求です。

「認められる」「ホメられる」「いいねをもらう」という快感によって行動を促進するというのはモチベーションの原則に沿ったやり方の１つです。

日々の小さな習慣を毎回、自分で褒めてあげることはなかなか難しいものです。

そんなときは他の人から褒めてもらってはいかがでしょうか？

早起きしたら
投稿して
フェイスブックで
いいね！をもらう

A

妻に「禁酒、
続いているね！」と
褒めてもらう

やる気アップツールを探す

ツールを、

集中力が落ちたら、
自然音を聞きながら
作業をする

私は、資料を作成する際はいつもカウントダウンタイマーをセットして時間を決めて作成します。原稿の執筆や提案書の作成をするときも同じようにしています。

私の場合、時間を区切ることで一気に集中できるからですが、そのときのツールがタイマーです。

また、今使っているノキアの時計は、習慣化の〝伴侶〟として活躍してくれています。

自然にモチベーションが上がる駆使しましょう

スリッパや
クッションを買って
心地よい作業環境をつくる

ここぞ！という
大事な日は
勝負服を着てみる

おしゃれな時計なので、一見スポーツ用には見えず、それでいて多機能です。万歩計が一目瞭然、消費カロリーなど運動記録はもとより、睡眠記録、目覚まし、携帯着信のお知らせにもなり、一石五鳥のようなツールです。

たったこれだけのツールですが、運動や睡眠が自動的に記録され、目覚まし時計がバイブレーションで震えるので、起床が早い日は家族に迷惑をかけなくてすみます。

このように**モノを上手に活用して、自分の気持ちを乗せる**のは1つの方法です。

「オフィスで履くスリッパを変える」

Q 試してみたいやる気アップツールはなんですか？

「イスのクッションをふわふわなものにする」「お気に入りの万年筆を買って手書きしながら考える」など、身の回りのグッズを工夫するだけで気持ちが上がります。

そのほかにもたとえば次のようなものがあります。

- パソコン台を高くして目線の高さにあげると肩こりがなくなり姿勢も良くなった
- アイデアをA4サイズの真っ白なノートに書き出すとたくさん発想が湧いてくるようになった
- フセンを使うとタスクの優先順位をラクに整理できるようになった

集中するために
カウントダウン
タイマーで時間を
区切ってみる

A

おしゃれなノート
に目標を書いて
つねに
持ち歩いてみる

- 観葉植物を机におくと仕事中に癒してもらえる
- 自然音を聴きながら仕事をすると集中力がアップした

このようにちょっとしたツールを上手に活用するだけで、職場での仕事の集中環境が良くなることがあります。

SWITCH 12

「いつやるか！」タイミングを工夫する

帰りの電車で
翌日の仕事のプランを立てる

「いつやるかを決めるだけ」で行動の実行確率はぐっと上がります。

モチベーション科学には「条件をつけた計画（If then planning）」という手法があります。カンタンにいうと、「いつやるのか？」「いつまでにやるのか？」という行動タイミングを明確に決めることで、行動しやすくなるというものです。

もし、あなたが上司から週次レポートを提出するよう、次の2つのパターンで言われたとします。部下であるあなたは、

タイミングを決めてしまえば、習慣化しやすくなります

毎朝出社前に30分間
カフェで勉強する

上司の昼食後に
必ず報連相をする

どちらのほうが提出の指示を守るでしょうか？

1　毎週、きちんと週次レポートを提出するように！

2　金曜日の16時までに、週次レポートを提出するように！

2のほうが行動しやすいのではないかと思います。行動のタイミングをひとことつけ加えただけで脳が受け取る印象が大きく変わるのです。

「条件をつけた計画をつくることで、行動する可能性が300％高まった」という研究結果もあるほど、効果が高い方法です。

あなたへの質問

Q

その行動や習慣を行うのに最適なのは「いつ」「どこ」ですか？

あるマネージャーは「部下ともっとコミュニケーションをとる」と決めても、多忙を極めている状況では、できないままで終わっていましたが、「朝礼後に5分、部下と面談する」とタイミングを決めたらそれだけで毎日できるようになりました。

日常の生活の中でタイミングを見つける視点としては、**「朝起きてすぐ」「行き帰りの通勤電車」「歩いている時間」「オフィスの自席でPCが起動するのを待っているあいだ」「昼食中」「入浴中」「就寝前」**などがあります。

さらに、プランにどこでやるかを盛り込むと日常の中で行動をイメージしやすくなります。

朝礼後に5分、
部下と面談する

A

風呂から
上がったら
寝室で10分間
ストレッチをする

- 朝、〈会社近くのカフェで〉30分間、英語の勉強をする
- 毎日、〈通勤電車内で〉10分間仕事の計画・優先順位を立てる
- 会議の前に〈休憩ルームで〉15分間、自分なりの意見をまとめる

このようにタイミングをプランに盛り込むだけで行動と継続率を上げることができます。

SWITCH 13

みんなに宣言して退路を断つ

決められます

〝他人との約束〟と〝自分との約束〟どちらを優先していますか?

こう聞かれると、9割以上の人は他人との約束だと答えるでしょう。

それはもちろん誠意のあらわれでもありますが、人から嫌われたくないし、バカにされたくないという想いもあるでしょう。

みんなに宣言すると、「もうやるしかない！」と覚悟を

人は他人から良く思われたいものです。

そして、その力を利用するのが**「みんなに宣言効果」**です。

私は以前、朝7時出社の日課を続けるために、毎日会社の時計の写真を、自分のコミュニティのSNSにアップしていました。

コミュニティの主宰者である私が、習慣化に失敗するわけにはいきません。是が非でも7時に出社しなくては、主宰者として恥ずかしすぎます。

私の場合、こうした**緊張感が夜更かしをしたくなる甘えから自分を脱却させ、朝の睡魔をはねのける馬力になる**のです。

Q 誰にどんな宣言をして退路を断ちますか？

15年前に禁煙するときも、部署内の飲み会で宣言して退路を断ちました。
当時の先輩からは、「お前は絶対にやめられない！」と言われたので余計に気合いが入りました。

ある人は、業務記録と退社時間の目標を自主的に上司に朝、メールをすることを習慣にしていました。これにより、時間と仕事の効率化への緊張感をつくり出していました。
また別の人は半年以内にTOEIC700点を目指すと同僚に宣言して、怠け心をはね返していました。

みんなに宣言する方法があまり効かな

上司に
毎朝8時出社を
約束する

A

「今日から
タバコをやめる！」
と職場で宣言する

い人もいますが、人によっては、他人と約束することで力強い強制力になり、行動の後押しになります。

退路を断つのがやる気スイッチになる人は、ぜひ取り入れてみてください。

SWITCH 14

燃える目標を設定する

人は、

なにかを成し遂げたいという**「達成欲」の強い人は、自分が燃えたぎるほどの熱い目標を設定する**ことがモチベーションの鍵になります。

たとえば、運動するにしても「毎日30分間走る」というルーティンの目標では気合いが入らなくて、「フルマラソンを完走する」「トライアスロンに出場する」という刺激的な目標があると俄然スイッチが入るタイプの人です。

ルーティンだとやる気がでない 燃える目標を立てましょう

私も運動を習慣化するための目標として、「極真空手の試合に出る」と決めると一気にやる気のスイッチが入ります。激しいフルコンタクトの極真空手では、ふだんの体力づくりと筋トレがきちんとできていなければ怪我もしますし、試合になりません。

そのため、運動・筋トレをして日々の鍛錬をがんばろうという気持ちになれるのです。

大切なことはその目標を実現させることではなく、**自分をやる気にさせる**ことです。

ただし、**達成欲に駆られ、短期集中型の努力で終わらないように気をつける**必要があります。

Q

あなたのモチベーションを高める「燃える目標」はなんですか？

このタイプは、ロケットスタートで出だしはいいのですが、短期失速になりがちなので、大きな目標を掲げながらも、それを日々の行動に落とし込み、習慣化していくことが重要です。

トライアスロンも資格の勉強も英語の勉強も結局、日々の行動の習慣化が鍵になります。刺激的な目標で自分が乗ってくるのを感じられる人は、目標を掲げてみてください。

あなたの中に「続けるためのスイッチ」はすでにあります。大切なのはそれを見つけていくことです。

半年後に
フルマラソンを
完走する

A

3ヶ月後に
TOEIC
800点をとる

SWITCH 15

「損したくない」心理を活力にする

と！」とがんばれます

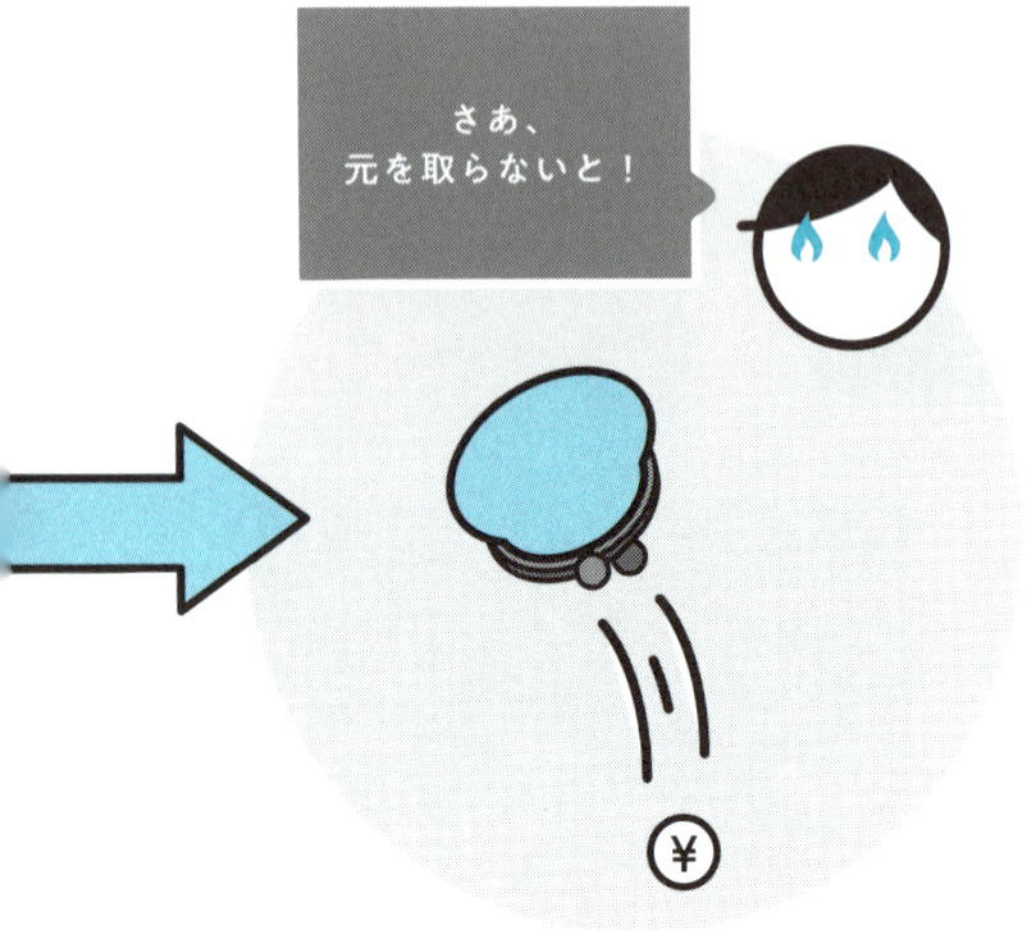

「損したくない！」という気持ちは誰にでもある心理です。

お金を投資して損しないためにはどうすればいいいか？

それは結果を出すことです。

「さあ、やるぞ！」と決めてもモチベーションが長続きしない人の中には、**お金を投資して自分を追い込むことで、「もうお金をつぎ込んだからやるしかない！」と回収意欲に火をつけてやる気を上げる**タイプの人がいます。

お金を先に払ってしまえば、「結果を出して、元を取らない

- 英語の教材に10万円投資した
- 資格学校1年コースに申し込んだ
- ボディーメイクのためパーソナルトレーナーと半年契約した

……など、お金を払ってやり切る決意を固めるのです。

その心理メカニズムをうまく使うのが、あえて身銭を切ってしまうこの作戦です。

私は、25歳の頃、思考力を磨きたいと思って自宅でもできるいい教材はないかと探したところ、「問題解決講座」を見つけました。

DVDと教材が来てそれをコツコツやっていくコースです。

Q

あなたはお金を投資すると実行・継続するためのモチベーションが湧いてきますか？だとすると、なにに投資しますか？

ビジネスパーソンとして自分を成長させるために問題解決力は必要だと思って、20万円の講座に思い切って投資をしました。

ボーナスを使って投資した私は、取り返すために必死に勉強しました。このコースは半年以内に終えないと資格が発行されないので、なおさら気合いが入ります。

本当に半年間、平日の夜と土日をフルに使って勉強しましたが、今でもそれが自分の糧になっています。

もちろん、「お金を投資したものの教材は眠ったまま」という人もいます。

この章すべてに言えるのですが、すべ

英語教材に
10万円投資した

A

ジムに
半年縛りで
申し込んだ

ての人に効く万能のモチベーションスイッチはありません。

自分に合うものと合わないものがあるだけです。

心が反応するものだけを取り入れてみてください。

身銭を切ることがやる気に火をつけるか、逆に重荷になって気持ちを下げるかは、ご自身の心に聞いて判断してください。

憧れの理想をつくる

う憧れは、

カッコいい！
あんな風に
話せるように
なりたい！

「あんなふうになりたい！」という憧れは続けるモチベーションになります。

ある有名ブロガーさんが、ダメサラリーマンから一転、走ることで独立して成功するという転機を迎えたといいます。彼のブログに共鳴した私のクライアントNさんは彼がやったように、毎日365日休まず走り続けました。

そのブロガーさんのダメサラリーマンだった頃のエピソードがちょうどNさんの現状に重なったようで、「自分も毎日

「あんなふうになりたい！」というやる気を持続させてくれます

休まず走り続ければ、あんなふうに人生を変えられるかも」という強い憧れを持ち、3年経った今もジョギングを続けています。

Nさんは、走ることを日課にすると、日々のストレスは軽減し、セルフイメージが高まったといいます。それと共に、夢も見つかりました。

憧れからスタートしたジョギングは、たしかな日々の成長実感を伴った習慣になっていったのです。

「○○さんみたいな肉体を手に入れたい！」→筋トレしよう！

「○○さんみたいに綺麗な発音で流暢に英語を話せるようになりたい！」→英語の勉強しよう！

Q 誰を憧れにしますか？

「○○さんみたいに人前でカッコ良くプレゼンできるようになりたい！」→プレゼンの練習しよう！

勉強も運動も習い事も、**「あんなふうになりたい」という憧れの理想を持つことがやる気にスイッチ**を入れてくれます。

〝憧れ〟というのは見つけてしまえば、ものすごいモチベーションになります。あなたの心を魅了してやまない憧れを見つけて、続ける糧にしてみてはいかがでしょうか？

スティーブ・
ジョブズのような
プレゼンができる
ようになりたい！

A

武田真治さん
のような
マッチョになる

自分を乗せるルーティンをつくる

決めておけば

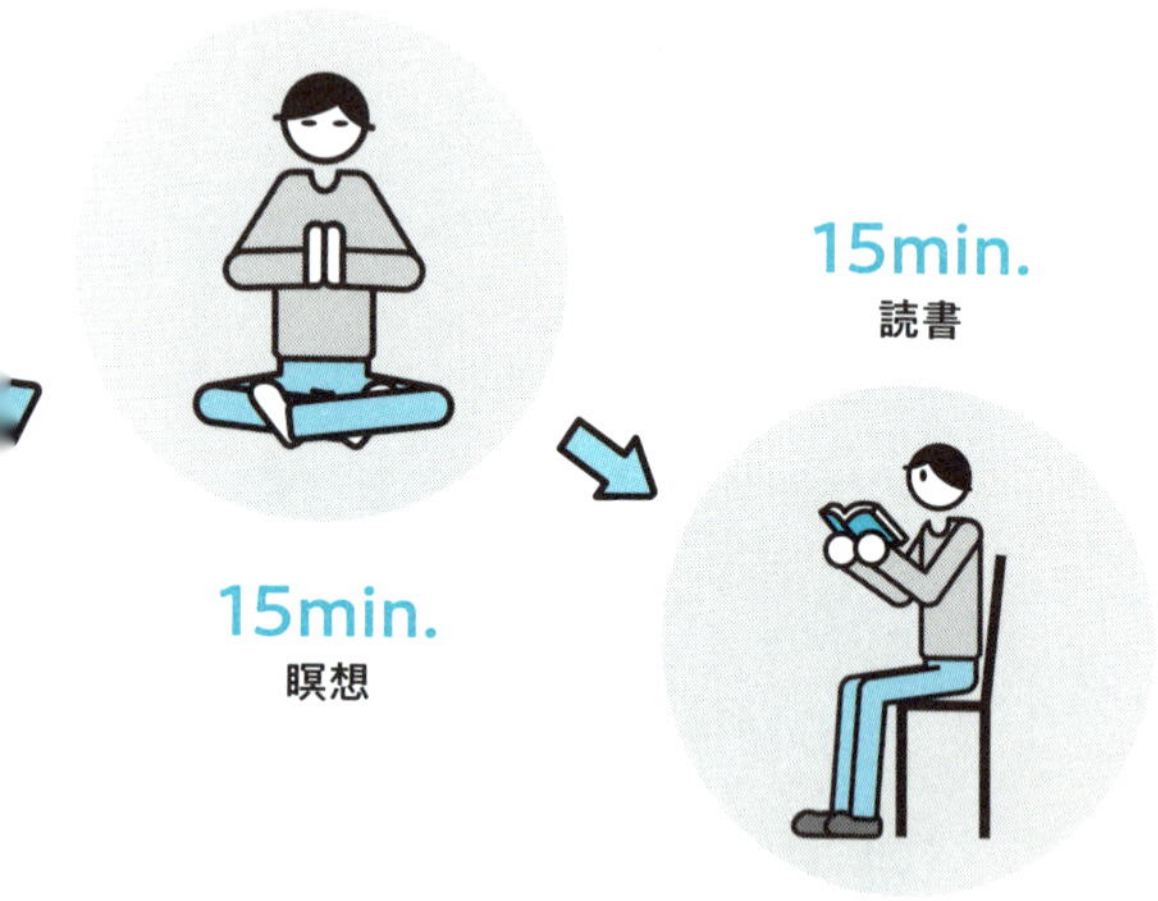

朝の滑り出しは、1日を決めます。

1日のスタートが好調になるかグダグダになるかで、QOLに大きな違いが出ます。

あなたは朝、目を覚ましてから、活動的になるまでにどんなことをしていますか？

ある人は、シャワーを浴びるところから1日をスタートさせることを儀式としています。シャワーを浴びるとシャキッとして良いリズムになると言います。

気持ちを高めるルーティンを、スムーズに作業に入り込めます

「カーテンを開けて陽の光を浴びる」「目覚ましを止めてから布団の中でゆっくりストレッチする」「温かいコーヒーを飲む」「ベランダの植木に水をやる」など、朝の儀式は人それぞれです。

私は朝起きると、コーヒーを飲みながらふーっとそれを味わいます。そして次にポッドキャストを聴きながら朝食をとります。テレビと違って、ポッドキャストだと目線を固定されないため、朝の準備、始動がスムーズです。

オフィスに行くと、執筆などクリエイティブな仕事に入る前には、**気持ちを乗せて脳を活性化させるためのルーティン**を行います。

あなたへの質問

Q どんな「朝のルーティン」があなたの1日を好調にしますか？

今は、「オフィスの片づけ」↓「目標やビジョンを書く」↓「静かに瞑想する」↓「古典を読む」というルーティンにしています。それぞれタイマーで15分刻みで区切って行うとちょうど1時間になります。

しっかりと心と頭の準備をして、その後の執筆など午前中のクリエイティブ作業に入ります。この1時間を経たことで、自分の中のモードはスイッチオンの状態になっています。

このルーティンをするだけで、クリエイティブの生産性は飛躍的に高まりました。

朝、コーヒーを
飲んで瞑想する

テンションが
上がる曲を聴いて
1日を
スタートする

A

私の例は特殊ですが、朝の滑り出しで、自分を良い調子に乗せるためのルーティンをつくってみてください。

いちばんスムーズに気持ちが上がっていくルーティンをつくると、その日のダラダラ気分に流される度合いが減って、自分をコントロールしやすくなります。

「ながら作業」にしてしまう
続けられます

入浴しながら

食事しながら

「時間がない！」

これほど行動する障壁として大きいものはありません。新しいことをはじめたくても、忙しくてそんな時間をとれないという人は多いでしょう。

そんな忙しい人にとっておきの方法が、
〝一石二鳥作戦〟です。

新しいことをはじめるときに、**今すでにやっていることに「ながら作業」としてつけ加えるだけで、時間不足の問題を解決することができる**のです。

オーディオ学習や運動は、“一石二鳥にすれば”忙しくても

では、ながら作業の絶好のタイミングはいつでしょうか？

通勤時間、歩く時間、待ち時間、食事の時間、お風呂の時間などです。

私は、全国各地で講演やコンサルティングを実施しているため、頻繁に移動時間が発生します。

この時間は私にとって「絶好の学ぶ機会」となります。

たくさんの講演音声をスマホに入れて、移動中に聴いています。

こうするとたんなる移動時間が、わくわくする移動学習の時間に変わります。

Q

あなたが「ながら作業」で習慣化できることはなんですか？

ジム通いでも、運動するためだけに1時間を費やすのはもったいなく感じるため、エアロバイクに乗りながら、本を読んでいます。

こうすると**学びと運動を兼ねられて、1時間の価値が2倍以上に高まる**のです。

そして、そんな充足感から自然と、ジムに行く回数が増えていきます。

時間を有効活用したい人、一度に多くのことをやりたい人には、一石二鳥になる「ながら作業」で新しいことができないか考えてみてください。

片づけをしながら
英語の勉強をする

A

コピーを
取りながら
ストレッチする

気持ちが上がる場所に行く

上がります

景色が美しい
カフェで

「英語の勉強をしないといけないけど、家では気持ちが乗らない」

こんなときは、自分を乗せるために、**場所を変えてみる**こともオススメです。自宅だとどうしてもリラックスモードになって緊張感がなく、ダラけてしまうことは誰でもあります。

「近くのカフェに行くだけで集中力が蘇ってきた」「図書館に行くと凛とした静かな中に緊張感があって集中できる」という経験はないでしょうか？

場所を変えるだけで、やる気や集中力が、驚くほどに

心身が浄化される
お寺

私が個人コンサルティングをしていたBさんは、ブログを書くことを習慣にしようと取り組みました。

しかし、自宅でやろうとしても気持ちが乗らずダラダラと過ごして更新できずの日々。

そこで、「どこにいくとやる気になれるのか」と彼女に聞くと、「近くのスタバに行くとスイッチが入る」というのでそれを習慣にしてもらいました。

〝ブログを書くこと〟ではなく、〝スタバに行くこと〟を習慣にしたのです。

お化粧をして、着替えてスタバに行くと、人がいる緊張感、ほど良い雑音が集

Q あなたの気持ちを上げてくれる場所はどこですか？

中力を高め、コーヒー豆の匂いが想像力を刺激してくれるそうです。
　これにより、Bさんのブログの更新頻度は飛躍的に高まりました。

　私は、執筆の原稿チェックが大詰めのときや、長期の目標を立てるときは白金台にある「シェラトン都ホテル東京」のラウンジに行きます。日本庭園がとても綺麗に見える広々とした空間で、すごく集中できます。昔からお気に入りの場所です。

　心を静めたいときは、同じく白金台にある「国立科学博物館附属自然教育園」の大自然の中をゆったりと歩きます。
　また、身を清めたい、心を見つめたい

中目黒の
スタバなら
勉強に集中できる

A

目標を
立てたいときは
ホテルの
ラウンジに行く

ときは、谷中にあるお寺「全生庵」に座禅に行きます。禅堂の畳や線香の匂い、凛とした空気や緊張感が私を深い内省へと導いてくれます。

どの場所に身を置くか次第で私たちの気分は変わるのです。

あなたの気持ちを乗せる場所はどこですか？

SWITCH 20

飽きたら刺激と変化をつける

続けることができる人は、**変化や刺激を活用することがとても上手**です。

どんなことも、はじめのうちは新鮮味がありますが、ある程度慣れてくるとマンネリ化していきます。

上の図をご覧ください。（『クリエイティブ・スイッチ：企画力を解き放つ天才の習慣』アレン・ガネット著、早川書房、2018年より）

みましょう

創造曲線

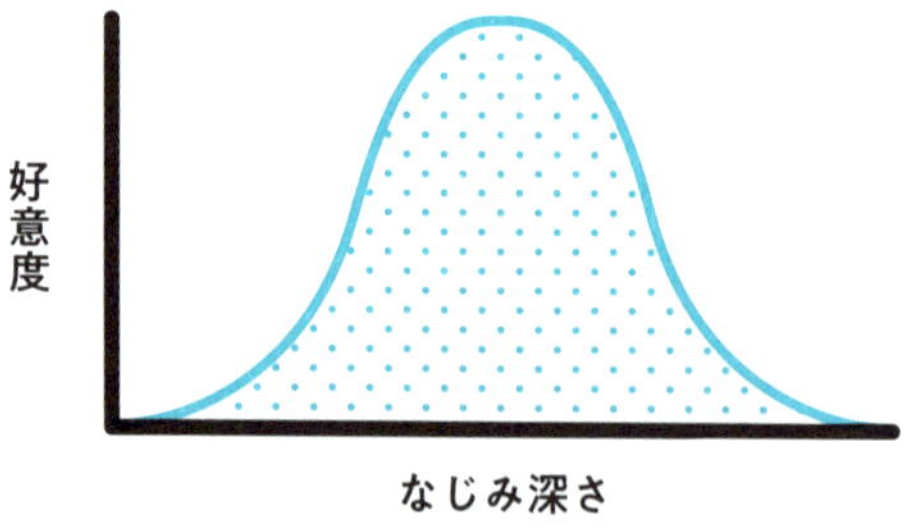

マンネリ化したら、新鮮な刺激と変化を取り入れて

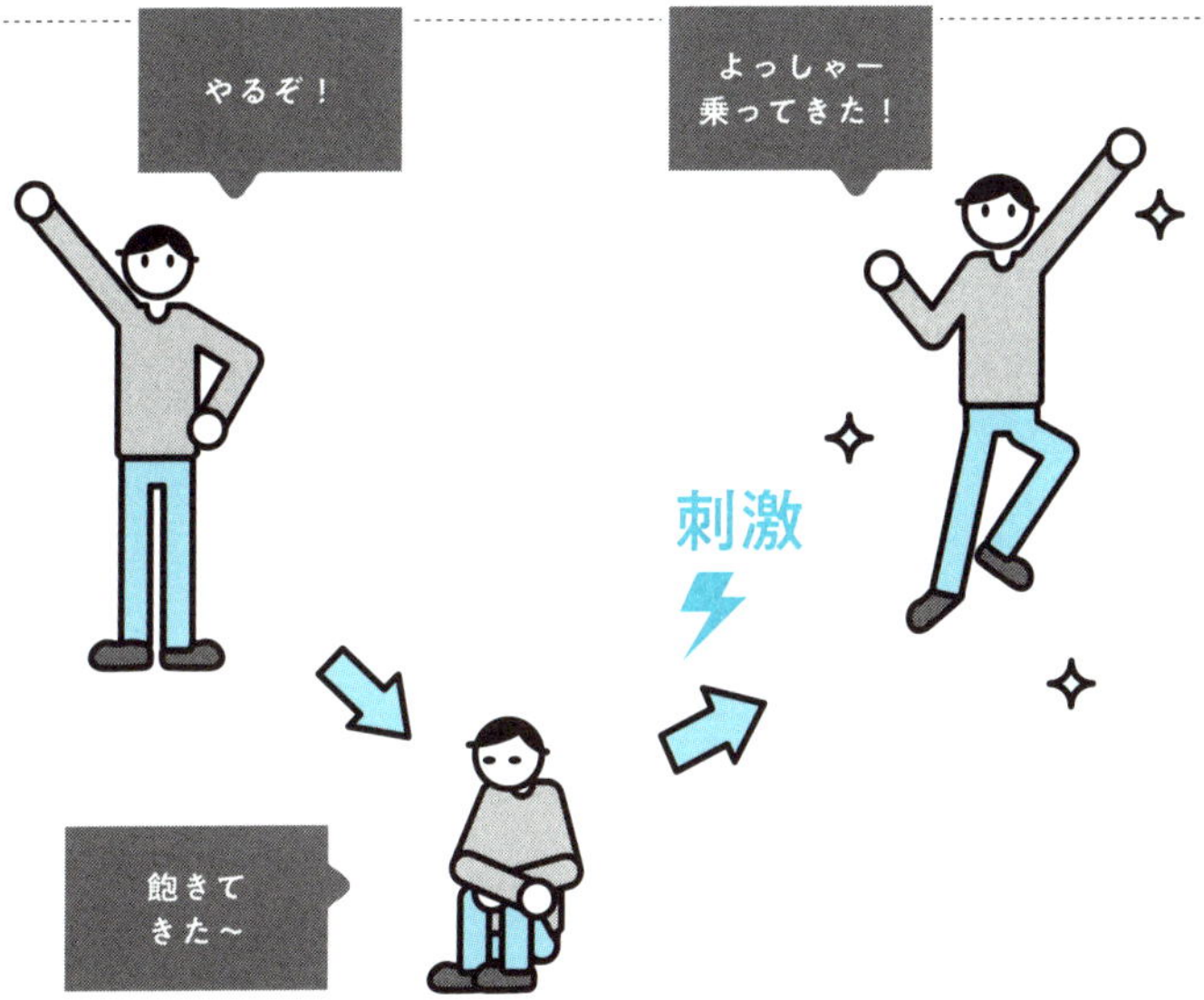

「陳腐化の開始点」が「好意度」と「なじみ深さ」の2軸で表現されています。これはすなわち、「刺激」と「飽き」のカーブを示しています。

はじめのうちは刺激があってどんどん楽しくなっていきますが、なじみ深さが増すにつれて飽きてしまうのです。

そのため、**ワンパターンの繰り返しに飽きないように、適度に変化を盛り込んで刺激を与えてあげる**ことが必要です。

たとえばジョギングならば、「走るルートを変える」「マラソン大会に申し込んで気合いを入れる」「ウエアを変える」「ハートレートモニター（心拍計）を導入

Q

あなたが習慣化したいことへのモチベーションを上げるために加えられる刺激や変化はなんですか？

する」「水曜日は皇居ランの日にする」など、1つの習慣に対してさまざまな変化を与えてあげるとそれが刺激となって、また「好意度」が上がってきます。

英語ならば、「ハリウッド映画を教材にして学ぶ」「英語で書かれているネットニュースを読む」「スカイプ英語レッスンを1ヶ月に2回入れる」「TEDのプレゼンを字幕なしで聞く」などです。

こうしてうまく変化と刺激を盛り込むことで、マンネリ化の波を乗り越えていくことができます。

ただし、身についた習慣のタイミングや行動量などを大きく変えるとリズムが乱れるので、注意が必要です。

マラソン大会に
申し込んで、
毎日のランニングに
刺激を与える

週1回は
走るルートを
変える

英語の学習方法を
英単語帳から
映画に変える

A

あくまで、行動メニューを変えたり、新しい目標設定をするなど、下がってきたモチベーションをふたたび上げられる程度の最低限の変化にすることがポイントです。

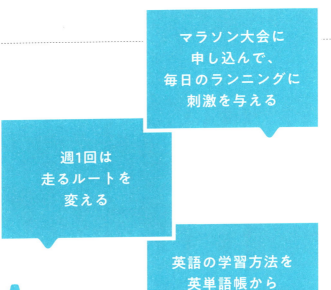

先延ばしも自分の乗せ方次第

「気が重たい作業だなー、あとでやろう」
「上司にミスの報告、いつ行こうかな……」
「歯科の定期メンテナンスにずっと行っていないなぁ」

私たちの日常生活には、仕事のミスの報告、資料作成、経費精算、メールの返信など先延ばししたくなることがあります。

先延ばしグセは、1つの「習慣」です。

先延ばしをする心理を分類すると、次の7つに集約されます。

「めんどくさい」
「失敗が怖い」
「まだ時間がある（もうない）」

「嫌われたくない」
「つらい」
「自信がない」
「後悔したくない」

あなたが、先延ばしするときにも7つの感情のいずれかを口にしたり、心の中で思っていたりしていないでしょうか?

先延ばしに共通することは、「目の前の仕事にストレスを感じている」ことです。そして、**そのストレスが大きいから、「今ではなく、後でやろう」と先延ばしする**のだと思います。

先延ばしの心理を乗り越えるために、すでにご紹介したもの以外に6つのスイッチをご紹介していきましょう。

15分単位で区切る

掴みやすいので、

15min.
仕事の雑務

15分間というのは、行動に魔法を起こせる時間の単位です。

30分、1時間だとなかなか時間を捻出できません。逆に5分だと短すぎてなにも終わりません。

15分ならとりあえず**踏み出しやすい**し、作業を小さく区切れば、着手したことも**それなりに完了させることができます。**

私が習慣化でいちばんはじめに成功したのが、「15分片づけ」でした。

15分単位なら、タイミングをスキマ時間に取り組めます

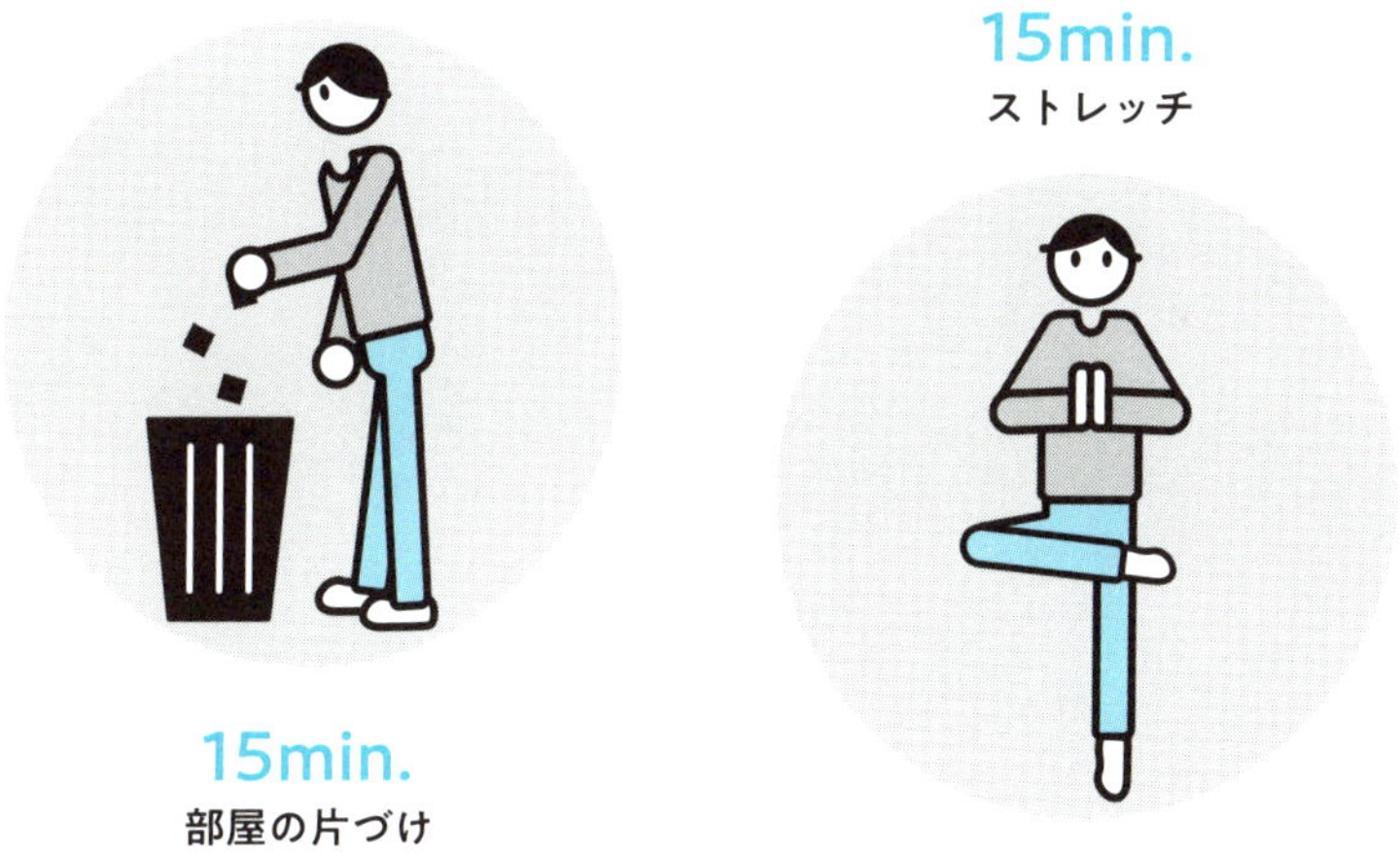

ポイントは、完璧に綺麗にすることをゴールにしないことです。完璧に片づく状態を目指すと、土日の時間を使っても到底片づけきれません。そして結局、「片づけに費やす時間がない！」となります。

でも、15分だけなら、さほど気合いを入れずともやれそうな気がしてきます。そして、15分片づけると実際はもう少しやりたくなるのですが、その気持ちを翌日に持ち越すことでやる気になるという好循環につながります。

15分片づけは、それなりに目に見えてスッキリして、やった後の達成感も味わえるのです。

Q

15分区切りで
なにに取り組みますか？

私は、仕事でも面倒な雑用は15分で区切って、1度に1つのタスクで完全集中して処理していきます。

タイマーをセットして緊張感を持ちながら処理していくと気持ちが乗ってくるのです。

長距離をダラダラ走るのではなく、**短距離をメリハリつけて集中して駆け抜けるイメージ**です。1タスク15分なので、1時間あれば4つのことができます。

習慣も行動も15分単位で区切ってみてください。やる気があまり出ないことでも、なんとかやれるかなと踏み出せるのが15分区切りではじめるというテクニックです。

15分で
報告書の構成案を
つくる

A

15分で
1日の仕事の
振り返りと明日の
計画を立てる

〈SWITCH17　自分を乗せるルーティンをつくる〉で紹介したとおり、私は15分×4セットで朝を迎えていますが、それは15分が区切りのいい長さだからです。

続かないこと、先延ばししていることがあれば、15分単位で区切ってスタートしてみるのがオススメです。

SWITCH 22

リストアップして終わったら消す

「あれもこれも、いっぱいやることがある！」と気持ちだけ焦り、実際にはなかなか手をつけられず、先延ばしにしてしまっていることはありませんか？

複数のタスクを整理せずに、雑然と頭の中で考えていると、目の前のことに集中できず、非効率になります。

そんなときはまず、**やるべきことをノートやフセンに書き出す**ことからはじめてみてください。

持ちが上がっていきます

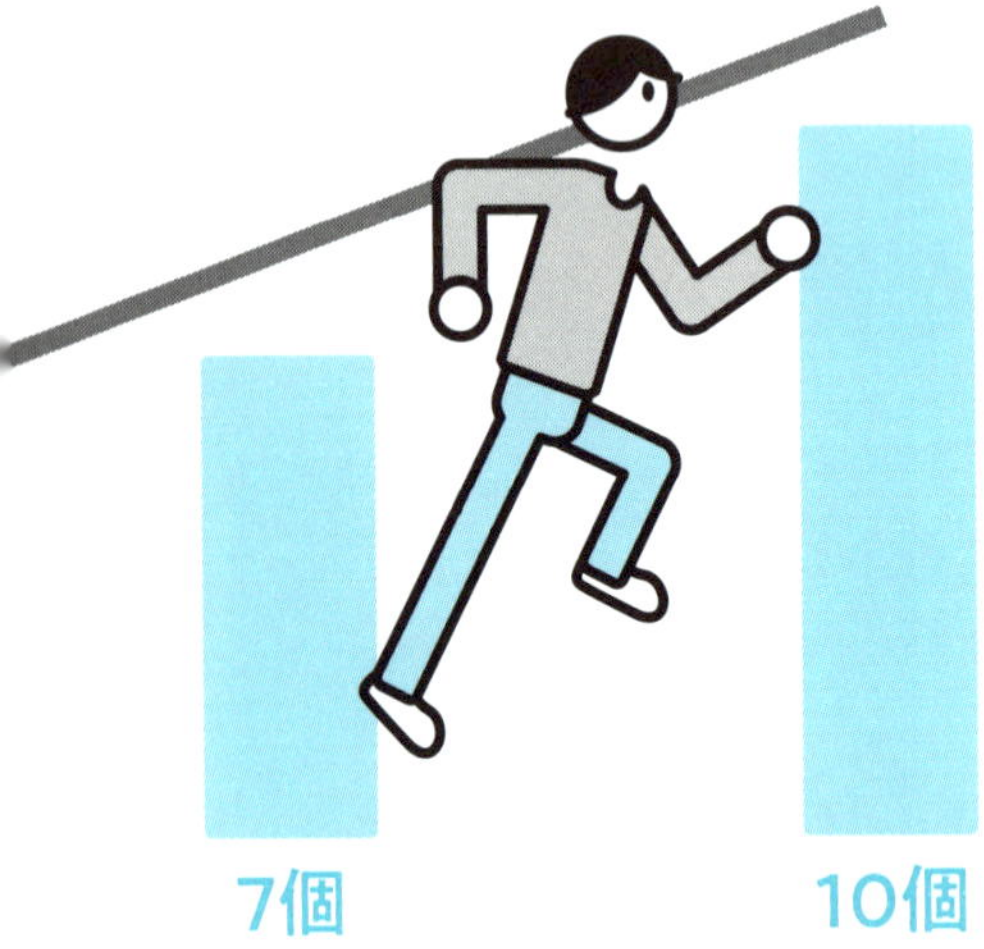

TO DOを勢いよく処理できると、達成感や完了感で面白いほど気

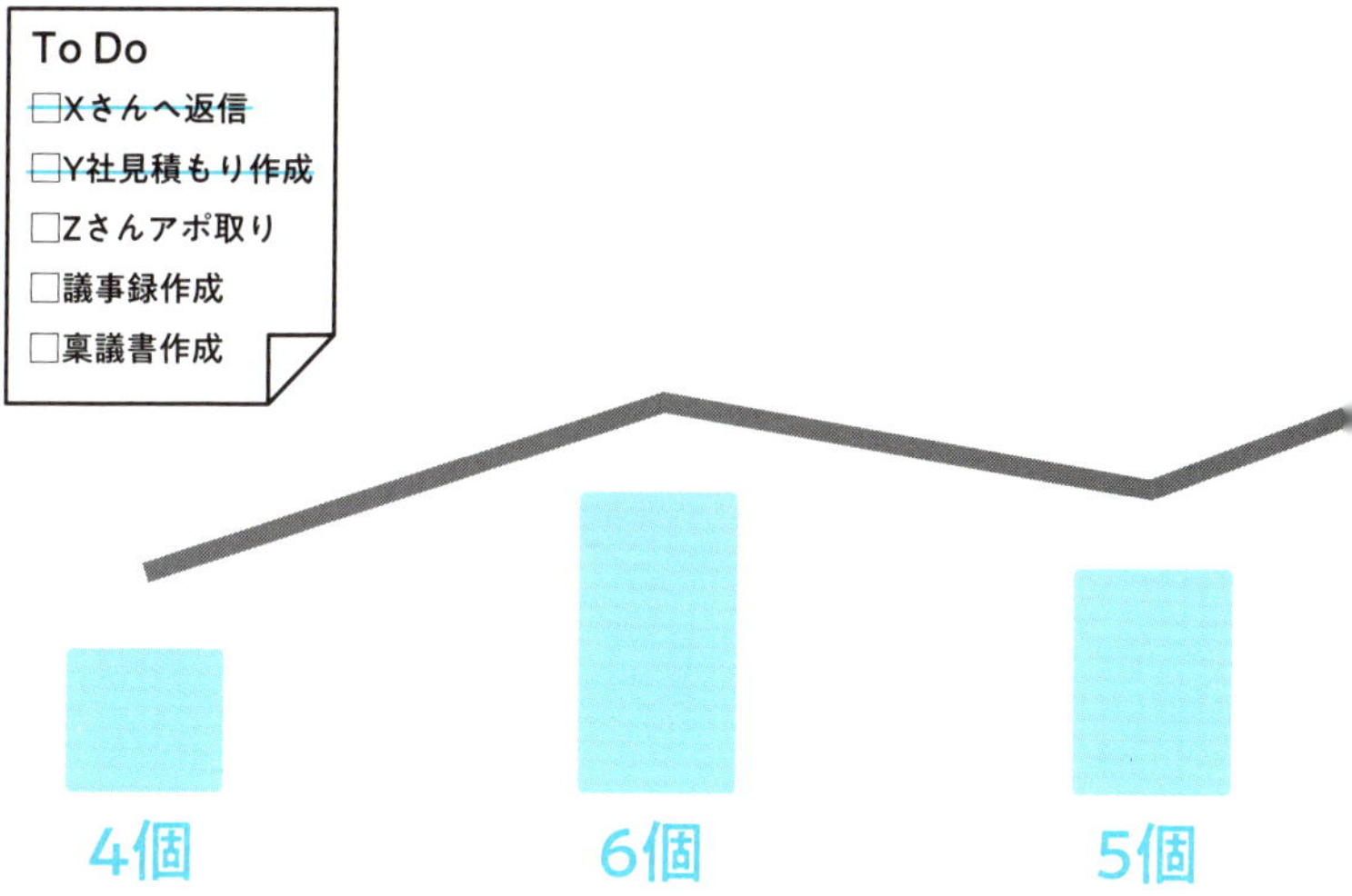

やるべきことを頭の中に留めずに、それをリストアップして可視化すれば、自然とそれをどうしようか具体的に考えるようになります。

ある子ども教育のエキスパートの人に、勉強のやる気を上げて継続させるコツを聞いたところ、「やることを細かくリストアップして、終わったら赤線で消す。これをやるだけで、子どもたちのやる気が上がる」と教えてくれました。

「算数ドリルを3ページ」「国語ドリルを3ページ」……という具合になるべく細かくリストアップして終わったら消すのです。

Q 今日やるべきことを細かくリストアップしてみませんか？

消す作業をすると、達成感や完了感が湧いてきて、「よし！　次やるか」と気持ちが乗ってくるのです。

達成感や完了感は、私たちのモチベーションを高めて、自分を乗せる1つの鍵です。

だから、子どもも宿題そのものは楽しくなくても、達成感や完了感は味わえればやれるのです。

このモチベーションの原理をうまく先延ばしに応用してみましょう。

子どもに限らず私たちもＴＯＤＯリストが1つ終わるたびに線を引いて消していくと、「やった感」を得られてどんど

A

雑用を書きだし
2時間で
一気に集中して
10個終わらせる

英語の長文問題を
1つ終わるごとに
斜線を引いて
5つ終わらせる

ん前に進められた経験はあるのではないでしょうか？

「細かく書き出して消す」には、こうした小さな達成感で自分を乗せる効果があります。

ぜひ、日々の仕事や生活に取り入れてみてください。

SWITCH 23

タスクを細かく分解する

わかります

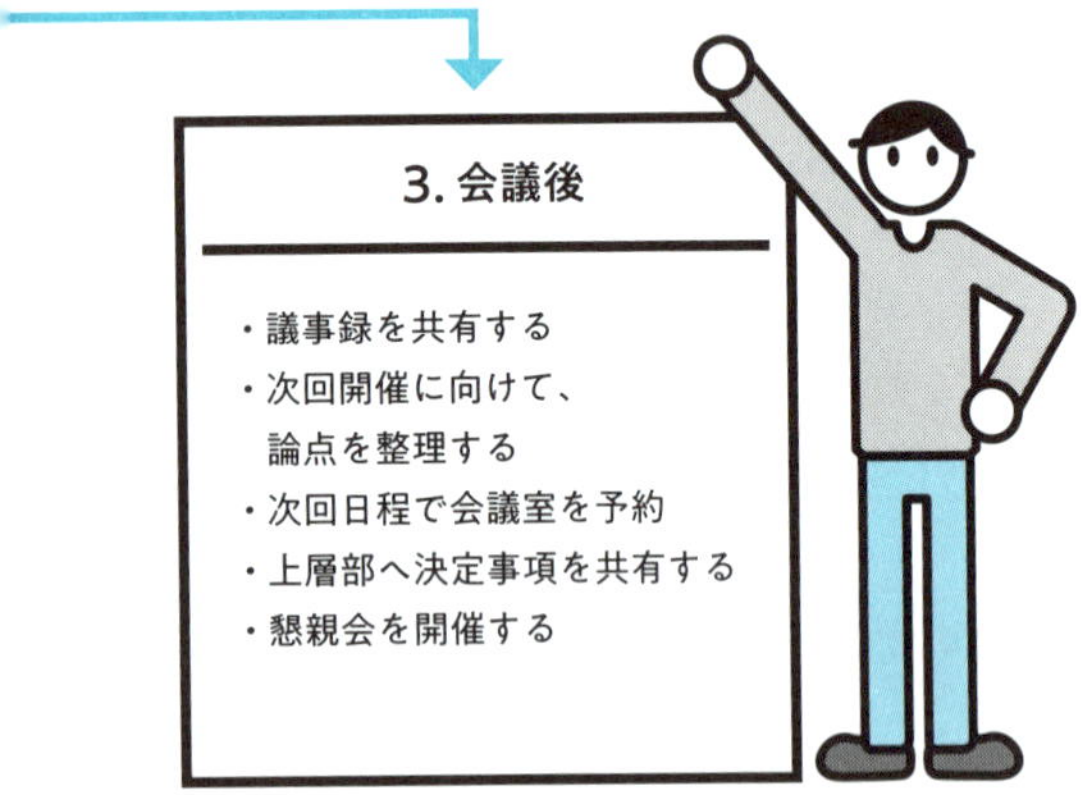
3. 会議後
・議事録を共有する
・次回開催に向けて、
論点を整理する
・次回日程で会議室を予約
・上層部へ決定事項を共有する
・懇親会を開催する

「報告書の作成、めんどくさいな」
「年賀状がなかなか手につかない」

先延ばしの最大の理由は、**目の前のやるべきことへのストレスが大きいこと**です。

コーチングの世界には、「肉を食べたいときに牛一頭連れてこられても食べられない。けれども、小さなサイコロステーキ状態になっていれば口に入れることができる」というたとえがあります。

タスクを細かく分解すれば、1つ1つの作業はカンタンだと

プロジェクト定例会議を初開催する

1. 会議前

- 主要メンバーを選定
- 会議日時を決める
- 会議室を予約する
- 目的・主旨・議題をつくる
- リーダーと内容合意する
- 開催通知メールを送る

2. 会議中

- 冒頭に目的・ゴールを説明
- 進行役・書記役を決める
- 時間配分を決める
- メンバーが発言しやすいよう全員に問いかける
- 今日の結論を確認する
- 次回日程と議題を確認する

「めんどくさい」「気が重い」「失敗が怖い」「苦手だなぁ」などの感情は、タスク全体を見たときに感じるのであって、**タスクを小さく分解していけば1つ1つは大したことではない**ことがよくあります。

複雑で時間がかかるものほど、先延ばししたくなります。

そこでチャンクダウン（作業を小さく落とし込む）していきましょう。

たとえば「新プロジェクトの定例会議を初開催する」とします。

やるべきことをチャンクダウンすると上の図のようになります。

Q

先延ばしにしがちなタスクをどのようにして徹底的に具体化しますか？

まず、これくらい小さく分解していくと、気が重い理由は明確になります。
たんなる会議前の「主要メンバーを決める」だけならすぐにできることもわかります。
こうやって1つずつクリアしていけば、意外とスイスイできてしまうものです。

タスクが大きいと感じる場合や、プロセスが不透明だったり複雑だったりする場合は、このようにして具体的に書き出してみてください。

苦手な報告書の
作成ステップを
細かく書き出す

A

プロジェクト
立ち上げのプランを
エクセルに
細かく洗い出す

ピンポイント行動にする

動きやすくなります

✕ PDCAをきちんと回す ⇒ ○ 朝イチでやることを書きだして優先順位を決める

「お酒をやめる」
「PDCAをきちんと回す」
「こまめに報連相をする」

このようなアクションプランは、最初の気合いは良いのですが、なかなか現実には実行されないものです。その最大の理由は、「ピンポイント行動」が明確でないからです。

〈SWITCH23．タスクを細かく分解する〉との違いはタスクを細かく切り分けて明確にするというアプローチではな

「で、結局なにをする？」で、明確な行動プランに変わって、

✕ お酒を飲まない ⇒ ○ ノンアルビールを飲む

く、ピンポイント行動は右に挙げたような「お酒をやめる」「PDCAをきちんと回す」などのような**曖昧なアクションに対して、「で、結局、なにをするのか？」と徹底的に行動の焦点を絞っていくこと**です。

たとえば、「お酒をやめる！」と決めていきなり走り出すのは、NGです。「～をしない」というプランではうまくいきません。

いざ、お酒を飲みたくなったら、いつもどおり飲んでしまうのです。

本当に成功させたいなら、「～をしない」から「～をする」に置きかえてください。

Q

結局、なにをするのか、行動イメージはついていますか？

それは、飲みたくなったときに「ノンアルコールビールを飲む」ことかもしれませんし、寝酒として飲んでいるならば、代わりに疲れて寝入りやすいように「ジムで運動する」ことかもしれません。

もう1つ例を出しましょう。

仕事でもっと成果を出すために「PDCAをきちんと回す」ことを決意したとします。

しかし、このあいまいな行動プランのままではじめると、「やろうと思っていたけど忘れていた」「忙しくて余裕がなかった」となるのが関の山です。

そこで行動をピンポイントに絞っていきましょう。まず、「PDCA」という

「良かったこと」
「反省・課題」
「次回への対策」を
毎日、振り返る

A

お米の代わりに
豆腐を食べて
ダイエットする

行動はないので、PLAN（計画）、DO（実行）、CHECK（振り返り）、ACT（改善）のどれを扱うのかを明確にします。

たとえば1つ目、PLANを選ぶなら、具体的にどのような行動をするか決めなければ、実践できません。

そこで、次のようにします。

「出社後、PCを開く前に、フセンに今日やることを書き出し、1日の作業の優先順位を並べてから仕事をはじめる」

このレベルまでピンポイント行動になれば、明確性は高まり行動イメージが湧いて実践しやすくなります。

SWITCH 25

余計なことを考えず淡々とやる

スフリーです

私がかつて情報システムの会社で仕事をしていたとき、来る日も来る日もずっとハードなトラブル対応をしているエンジニアがいました。

大きなシステムトラブルの中にいたのです。

その人は、毎日顧客から怒られ、深夜までプログラムの修正をしている日々を過ごしていました。それぐらい複雑なトラブルだったのです。

面倒なことも“面倒がらず”に、淡々とこなすのが究極のストレ

コレやって
（は～
やりたくないなぁ……
めんどくさいなぁ）

あまりに大変な日々の中でモチベーションの維持はどうしているのか疑問に思った私は、「どんな意味づけをして、毎日仕事をがんばっているのですか？」とそのエンジニアに聞いてみました。するとこのような答えが返ってきました。

「ただやるべきことだからやるだけ。そこに意味とか好き嫌いなどないよ。淡々と粛々とやるだけだよ」

やるべきことを淡々とこなすだけ。そう、辛いことに、無駄に逆らうことなく、受け入れて、やるべきことを淡々とやる。実はこれもストレスフリーの仕事術の1つだと教えられました。

Q

面倒で気の重たい作業はなんですか？淡々とやる精神でそれを取り組んでみませんか？

この人がたんなる作業として仕事をこなしているわけでなく、優秀なエンジニアであることを付け加えておきます。

面倒なことや苦手なことに直面したとき、私たちはネガティブな感情に圧倒され、それでもポジティブにやる気を引き出そうとします。

しかし、そうすればする程に「あー嫌だなー、嫌だなー」という気持ちが大きくなり、どんどん無駄なエネルギーを使っていきます。

淡々とただやるべきことをやる、抵抗せず、降伏してやる。

このクールな発想が役に立つことは多いのではないでしょうか？

新規顧客開拓のためのテレアポをする

洗濯物をたたむ

1ヶ月分の交通費の精算をする

A

私たちにも皿洗い、洗濯物、お風呂洗い、掃除など、もちろん好きになれたらいいのですが、そう好きになれないこともあるので、その場合は**抵抗せずに淡々とやることで無駄なエネルギーを使わないようにする**のです。

精神論に聞こえるかもしれませんが、そう心掛けてやってみると淡々と気持ちを乱さずにできるものです。

嫌だなーという気持ちを感じないようにすれば、前進していくことができます。

ぜひ、どうしても面倒なことを目の前にしたときに実践してみてください。

良いのです

SWITCH 26

「今やる主義！」で乗り切る

後に延ばすより、
今終わらせたほうが、
圧倒的にラク！

会議の議事録作成の業務があったとします。

議事録ほどあとに持ち越すと面倒な仕事はありません。

仮に会議日から3日後に議事録の作成に取り掛かったとすると、会議の内容を思い出すことに労力がかかり、作成にかなりのエネルギーを使います。

では、いつ作成するのが、効率が良いのでしょうか？

「いつやるの？ 今でしょ！」が、実はいちばんエネルギー効率が

モチベーションカーブ

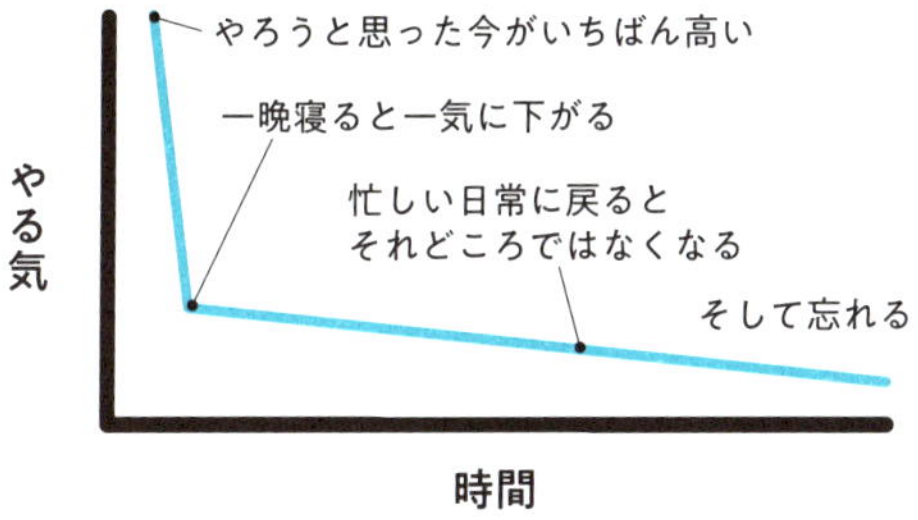
やろうと思った今がいちばん高い
一晩寝ると一気に下がる
忙しい日常に戻ると
それどころではなくなる
そして忘れる
やる気
時間

Cさんの体験談を引き合いに出してみましょう。

Cさんは、部内の定例会議の議事録担当です。

この人は毎週発生する議事録への作業ストレスを最小化するために**「今やる主義」**を取り入れています。

部長とメンバーに許可をもらって、会議の最中にパソコンを開き、集中力を研ぎ澄ませて7割方その場でタイピングして打ち込んでしまいます。

そして、残り3割を、会議室を出た30分以内に作成して、参加メンバーに送るようにしています。

Q

「今やる主義！」で乗り切ったほうがラクなことはなんですか？

TODOリストに「議事録作成」を残したまま、3日間も「あ〜、やらなきゃ」という未完了感を抱えて、挙句の果てに思い出すのに余分なエネルギーを消耗するぐらいなら、その場でやってしまうのがいちばんラクだといいます。

なぜならば、会議中と直後こそ、いちばん作成に集中できるモードにいるからです。

そのことを考えているときがいちばん行動しやすいモードになっています。頭の中でそのことを考えている瞬間こそ、判断と行動の絶好のタイミングなのです。

もし、5分で終わるとしたら後回しにせず、「今やる！」。

会議で
100%集中して、
結論をその場で出す

A

苦手で面倒な
作業ほど、
持ち越さず今やる

別のことに思考のアンテナを向けた瞬間に、モードを再度立ち上げることが必要になります。

短時間で終わるならば、「今やる主義！」で乗り切ってみてはいかがでしょうか？

また、思い立ったら吉日で期限はないけど、やりたいことも同じく「今やる」を実践するチャンスが広がっていきます。

第2章

思考の習慣

マイナス思考から抜け出す

自分を乗せるモノの考え方・捉え方

人は習慣的な物の見方の中で行き詰まってしまいます。よく慣れている状況であればあるほど、別の見方をするのが難しいのです。

——クリスティーナ・ホール博士

自分に自信が持てない、失敗を恐れて行動できない、批判されると自己嫌悪に陥るなど、マイナスに考えると精神的に辛くなります。

序章の「幸福の公式」でご紹介したとおり、幸福度の40％は「規定値」、つまり物の考え方や捉え方に左右されます。

事実と解釈は異なるものです。私たちは自分が解釈した世界で生きています。事実は変えられませんが、解釈は変えられます。解釈には自由度があるのです。

事実と解釈は異なる

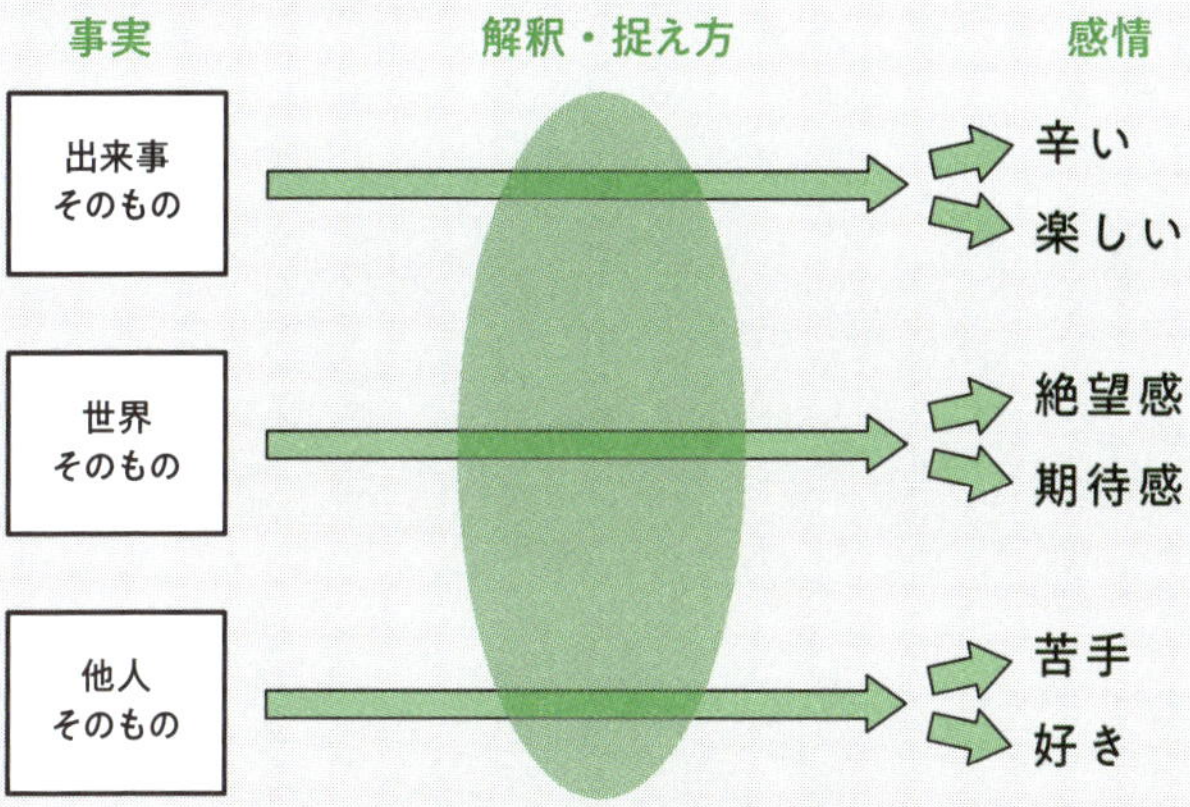

上の図をご覧ください。

私たちは同じ事実を見ても捉え方で反応が異なってきます。

コップに水が半分入っているという事実について、「半分しかない」と捉えるか、「半分もある」と解釈するのかで、気持ちは上がったり下がったりします。

また、牢屋にいる囚人は鉄格子から、下を見ると泥だらけですし、上を見ると綺麗な月が見えます。

同じ外の世界を見るにしてもどちらを見るかで気持ちは変わります。

もっと具体的な例をいうと、営業部の朝礼で同期が大きな新規受注をしたことを上司から褒められ表彰されたとします。

これを見て、「あー、自分はダメだなぁ」と思う人もいれば、「よし、自分もがんばろう！」と思う人もいますし、「いや、あいつは運が良かっただけだ」と思う人もいます。

同じ事実でも、捉え方は無限であり、どんな解釈をするかによって行動が変わるということです。

自分をうまく乗せられる人は、**あまり良くない事実だとしても、考え方や捉え方をコントロールして、ポジティブな感情にもっていくことができるの**です。

モノの考え方や捉え方は、思考の習慣です。

これを変えれば状況は同じでも人生は変わります。

私が主宰する習慣化の学校で1年間、自己改造に取り組まれた女性のケースをご紹介しましょう。

この女性は会社の降格人事でひどく傷つき、そんな状態から脱したいということで習慣化の学校に参加されました。彼女は1年後、どうなったでしょうか？

当初は転職や独立も選択肢として検討しましたが、やっぱり今の会社で一生懸命貢献したいと「置かれた場所で咲く」ことを決意されました。

自分ではどうしようもできない人事のことを嘆くのではなく、コントロール可能な自分の目標や課題解決にフォーカスするという思考習慣を1年かけて身につけました。そして、このひどい降格人事も学びやキャリアの糧にしようと意味づけをしました。

また毎日、感謝日記を書くことを続けました。すると次第に会社や人間関係へのありがたみが湧いてきて、不満よりも感謝の気持ちで満たされていったのです。

状況はほぼなにも変わっていませんが、幸福度や前向きさは飛躍的に向上しました。

マイナス思考から抜け出すには、自分の考え方をうまく乗せる思考の習慣を身につけましょう。

本章で18の方法をご紹介しますので、その中から自分の思考に寄り添い、自然に自分の気持ちが乗る考え方を採用してみてください。

また、ここでは、考え方の習慣を中心に書きます。

ここで習得した考え方を習慣化するためには、**日記を書く習慣**を身につけることをお勧めします。

起きた出来事とそれに対する現状の解釈、そして新しい解釈にどう置き換えるのか書くことで思考は無意識の習慣になっていきます。

他人ではなく昨日の自分を超える

最高を目指しましょう

海外に駐在してマネージャーをしているD子さんは、英語が苦手でコンプレックスをもっていました。それを克服すべく毎日2時間も勉強を続けていましたが、半年続けてはパッタリとやめてしまう、そんなことを何度も繰り返していました。

英語で商談をするとき人によっては、何度も聞き返さないと内容が理解できないときがあり、「こんなに勉強しているのに上達しないのは、私に英語のセンスがないからだ」「同僚はもっとうまく商

他人と比較すると辛いときは、“過去の自分”と比べて自分史上

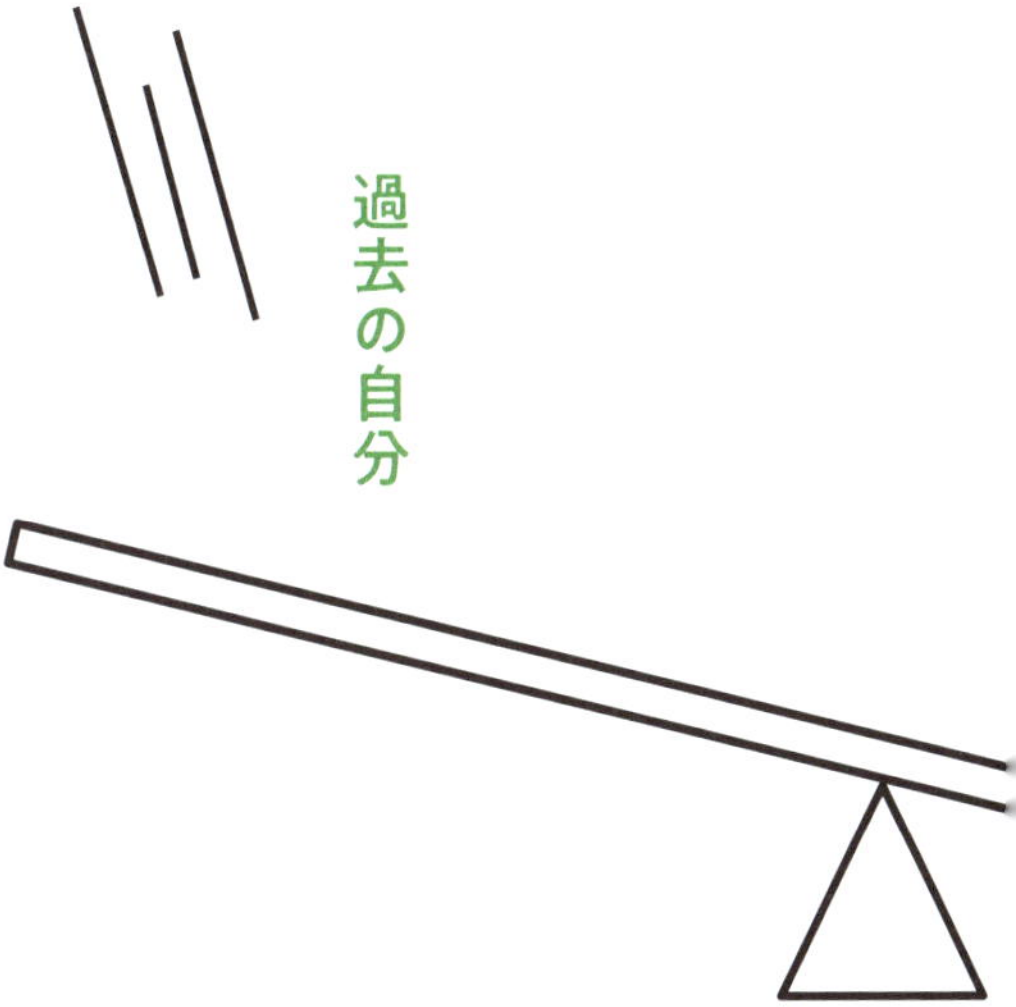

談できているのに」と激しい自己嫌悪感が湧いてくるのでした。その度に挫折していたのです。誰と比較しているのかと聞いてみると、「同じ事務所の男性」とのこと。彼が商談中に隣でスラスラ話す姿を見ていると、自信を失ってやる気をなくしてしまうのでした。

　しかし、聞けばその男性は駐在20年目のベテランなのです。D子さんはまだ駐在3年目で、経験値が圧倒的に違います。20年目と3年目では差があって当然です。しかし無意識に同列で比較してしまうのでした。

　D子さんは、できる人と比べて「自分は成長できていない」と自己嫌悪に陥る傾向があります。こんなときはまず〝比

Q 以前の自分と比べてどれぐらい成長していますか？ どんな行動を積み重ねましたか？

較対象を変えること〟が大切です。**他人ではなく、〝過去の自分〟と比較するの**です。

駐在1年目のときと比較してどれぐらい英語力が上昇しているか、パーセントで数値化してもらいました。すると、勉強の成果が確実に出ていることに気づけました。そして、「このまま勉強を続けると、5年後には英語力はどうなっていますか？　10年後には？　その男性と同じ20年後にはどうなりますか？」と聞くと「問題なく話せるようになっていると思う」と答えました。

大切なのは、過去の自分より1ミリでも成長して**自分史上最高を更新すること**です。「今の私は、自分史上最高になっ

1ヶ月前と比べて
3km走ったときの
疲労度が減った

A

半年前より
英文の中の
わからない単語が
減った

ているんだ」という実感がモチベーションになり、継続する意欲になります。

D子さんも、理想の英語力を目指して、小さな1を足していく努力を続けられるようになりました。また、英語力に限らずすべてにおいて、人と比較して落ち込むことが減り、その結果、なんとわずか2年の間で二階級特進の駐在所所長になりました。

他人と比較してやる気が上がるならいいのですが、これが無力感になるようであれば、比較を他者との基準から自分に変えたほうがやる気が湧きます。低きに甘んじるのは良くありません。自分史上最高を更新することに一生懸命になれば必ず成長していけます。

SWITCH 28

〝ある〟ものにフォーカスする

めればいいのです

**今あるスキルや経験で
やれることはある**

「やっぱり起業するには、お金がないとダメですよね。今あまり貯金がないんです」

「お金がない？　**ある金ではじめればいいんだよ**」

これは、起業家志望の人に若き日の孫正義さんがおっしゃった言葉です。

私たちはなにかをはじめるときに〝ない〟ものにフォーカスして、それを前に進めない理由にしがちです。

「お金も人脈もスキルもない！」いいえ、今“ある”ものからはじ

少額でもアイディア次第で
大きな成果を出せる

知人に知人を
紹介してもらえばいい

「お金がない」「スキルや知識が足りない」「経験がない」「人脈がない」

これらはすべて〝できない理由〟になります。しかし、**「今〝ある〟ものでスタートする」という発想に変える**と180度視界が変わってきます。

「十分な資金がない」ではなく、「100万円ある」とあるものにフォーカスします。

そして、「100万円でどうやってはじめるか？」という問いかけからスタートするのです。

事業内容にもよるかもしれませんが、知恵を働かせればできることはなにかしら見つかるはずです。

Q

いまどんなスキル・知識・お金・経験・人脈を持っていますか？そのあるもので、どのようにはじめますか？

『ユダヤ人大富豪の教え』で有名なベストセラー作家の本田健さんは、わずかな資金を元手に無料の小冊子をつくって知り合いに配ることからはじめ、それが口コミで広がり、たくさんのファンをつくってビジネスを一気に軌道に乗せました。

「人脈がない」も同じです。人脈があまりない人だって、今までの知り合いを書き出してみると20人ぐらいはいるものです。その20人の先にそれぞれ20人の知り合いがいるならば、「400人とつながっている」とも言えるのです。

スキルや知識もゼロではないはずです。不安を埋めるためにスキルや経験を増やそうとしても、これらはどこまでいっても十分という領域はありません。私がコ

事務職を
してきたので、
エクセルやワード
を使いこなせる

起業するに
あたって、
応援してくれる人
が5人いる

A

営業を
やってきたので、
人前で話すのは
得意だ

ーチングをはじめたとき、「クライアントからお金をいただくには、もう少し経験を積んで、勉強してからやろう」とセミナーにばかり行っていました。

　しかし、**学び続けるほどに知らない自分を知って、ますます〝ない〟が増大して動けなくなってしまった**のです。でも実際のコーチングでは、ただ好奇心を持って相手の話を聞くだけで十分な貢献になることを動き出してみて思い知ったのです。

　まずは、今あるお金・人脈・スキル・知識・経験を棚卸ししてみましょう。

　それらを活かすことからはじめて、少しずつ増やしていけばいいのです。

結果は、行動量と確率で考える

「行動」です

新規開拓営業も30件電話すれば
1件は面談できる

ある経済ジャーナリストは、「成功している人をたくさんインタビューして共通していたことは、**何度もチャレンジを続けて勝つまで続けること**。結局、成功は確率論なんです」と語っていました。私もこの見解に大いに共感します。

社会人2年目に、情報システムの新規開拓をする部署に配属された若手営業マンの私は、帝国データバンクから抽出した会社リストを上から順に電話をする毎日。9時半から11時半まで、50件のテレ

下手な鉄砲も数打てば当たる。足りないのは「能力」ではなく

1割打者でも10回打席に立てばヒットは打てる

アポをしていました。当然、門前払いの連続で、「うちは今、取引先があるので必要ありません」と取り付く島もなく電話を切られます。

しかし、捨てる神あれば拾う神ありです。そのうち「じゃあ、一度話だけでも聞きましょうか」という反応をもらえるようになります。これは1年間、毎日のように電話営業してわかったのですが、30件に1件ぐらいの確率、つまり約3％の人は会ってくれるのです。

そこからは、「29件断られても、その先にある1件のアポのために電話しているんだ」と思えて楽になりました。

気がつけば、新人営業ながら大きな新規契約を何本も受注し、社内表彰を受けました。

Q 夢や目標のために どんな大量行動が できますか？

「大量行動すれば道は開ける」。この信念が出来上がってからは、この成功法則が私の頼みの綱でした。13年前に29歳で独立して、徒手空拳でコーチングの営業をしていたときにも役立ちました。ブログを通じて起業家1000人に無料コーチングを申し入れ、100人に会い、そのうち20人が有料クライアントになってくれました。

自著を出版するときも、人脈がなかった私は100社の出版社に送るつもりで、まず33社に手紙を書いて企画書を送付しました。なんと11社から返答があり、処女作『30日で人生を変える「続ける」習慣』が2010年に出版され、お陰様で今ではシリーズ12万部となりました。

企画アイデアを100本考える

A

募集しているオーディションはすべて受ける

　大量行動は、普遍の成功法則といえます。結果がでないのは「スキルがないから」、「人脈がないから」と思いがちですが、**そもそも行動量が足りていない**ということが多いものです。

　また、大量に行動すると不思議な奇跡にも出会えます。私も100人の起業家にあってその後のご縁でさまざまな仕事やプライベートでの出会いに発展していきました。

　たしかに、良い方法を追求することは重要ですが、そればかり求めて動かないのがいちばん最悪。1%の確率なら100回やれば成就します。

　あとは数をいかにこなせるかに集中すれば道は開けます。

「できること」に目を向ける

とで悩むのは、

自分でコントロール
できるところに
突破口を探そう！

ストレスはコントロールできないことを思い悩むときに生まれます。

私が新卒で内定をもらった会社は、大阪支社法人営業部に配属予定で承諾をしたのですが、業績不振により入社3ヶ月前になって突然、グループ会社への出向が決まってしまいました。そこは、秋葉原でパソコンショップを運営する会社でした。

大阪出身の私は、東京に配属されることも個人消費者向けの販売をすることも希望しておらず、採用時に交わした約束

自分がコントロールできないこと
いちばんのストレス源です

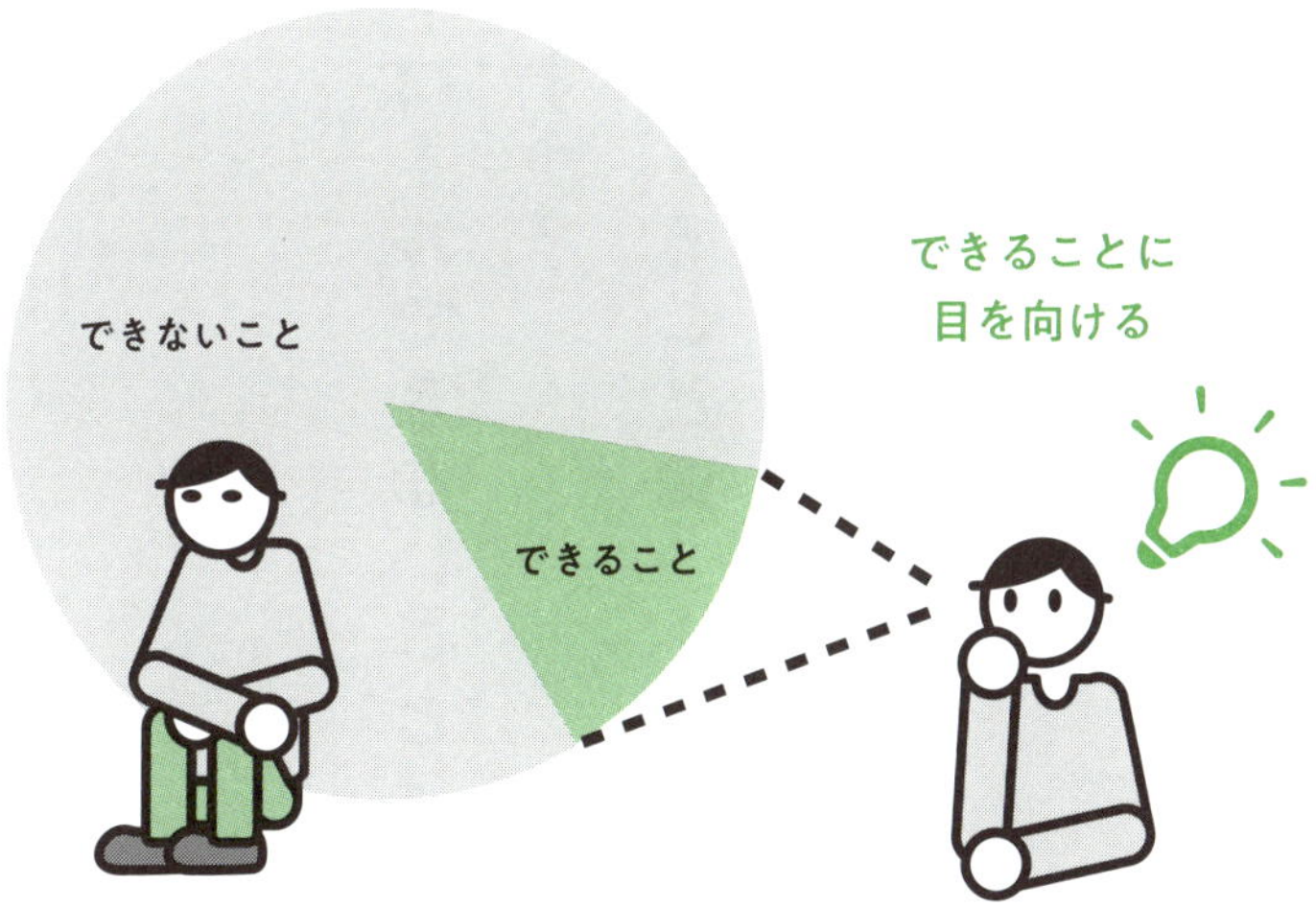

とまったく違うことに憤りを感じました。しかも出向は無期限。お先真っ暗で行き詰まっていました。

そんな絶望の淵で、ふらっと寄った書店で見つけた本に次のような言葉が書いてありました。

「コントロールできることと、できないことを明確に分けなさい。そしてコントロールできることに集中しなさい」

私は頭を強く打たれるような衝撃を受けたのを覚えています。

「会社にいつ戻れるのだろうか?」「なぜ、自分が出向することになったのか?」と、自分にはコントロールできない会社の決定事項ばかりに思考を巡らせていたからです。

Q

コントロールできないことはなんですか？自分にできることはなんですか？

そこで私は、自分ができることはなにかを考えました。**過去と他人は変えられないけど、未来と自分は変えられる**のです。

「会社を辞めるか、辞めないか」は自分の判断でできることです。「少なくとも1年間はこの仕事をがんばって実力をつけてから、それでも嫌なら転職をする」という選択肢もあります。知識・能力を高めることは自分でコントロールできることです。そう考えると、今いるパソコンショップで情報システム関連の知識を身につける、営業販売のトーク力を磨くなど、法人営業をやるとしても今、できることがたくさんあることに気づけました。

嫌な上司だけど、プレゼンスキルはすごいので学びとろう

今の配属は不満だけど、この仕事から学べることを書き出してみよう

コントロールできない上司や顧客の方針は受け入れよう

A

気がつけば、販売や接客が面白くなり、休み時間も取らずに没頭して店頭に立っていました。もうあれほど嫌だった配属への不満は嘘のように消えていきました。結果的に1年で出向解除になり、「え、もう戻るの？」と少し後ろ髪を引かれるほどの没頭ぶりでした。

考え方を変えて、自分ができることにフォーカスして、テーマを持って自発的に仕事に取り組めば、自分の気持ちが乗ってきて圧倒的に仕事が楽しくなったのです。

どうしようもないことを手放し、コントロールできることにフォーカスすれば、自分の中に軸ができて、エネルギーを投入することができます。

SWITCH 31

肢を広げれば

複数の選択肢を探す

人は誰しも仕事や人生の途中で行き詰まって、閉塞感を覚えることがあると思います。

それは多くの場合、1つの正解や打ち手にこだわるから行き詰まるのです。うまく閉塞感から脱するには**選択肢を広げる**ことに集中しましょう。

2011年に東日本大震災が起き、独立して5年目の私の会社は経営難に陥りました。

このころは、売上の70％以上が企業研

1つの正解に縛られずに、選択未来への可能性が見えてきます

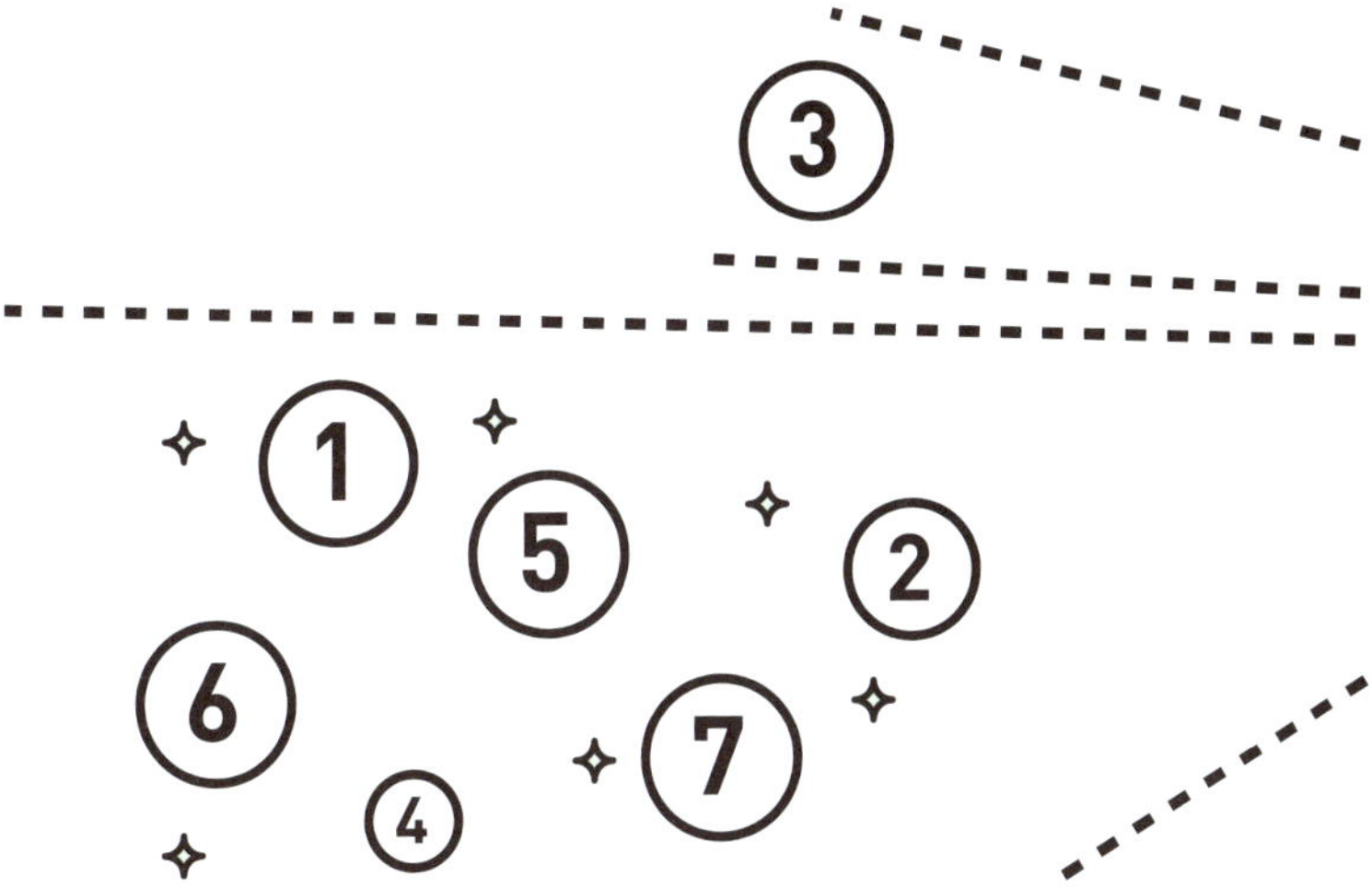

修や講演で成り立っていました。10ヶ月以上先まで受注が入っていたのですが、震災と原発事故により今後の経営状態が見通せなくなったとの理由で、軒並みキャンセルになったのです。

売上を見込んでいた仕事が吹き飛び、当時の私は地震や放射能に怯えながらもそれ以上に会社の経営難に苦しむことになりました。完全に行き詰まってしまったのです。

私はこの閉塞感から脱するために、「このままずっと研修事業が立ち直らなかったら……」という漠然とした不安を具体化することをはじめました。

仕事が100%キャンセルされたわけではありませんし、内部留保しているお

Q あなたがなにか閉塞感を抱いているときそこからどんな選択肢を広げられますか？

金もあります。そこで具体的にどれぐらいの時期にどれだけ売上減になったらどれぐらい赤字になるのか、資金はどこでショートするのかをシミュレーションしました。

エクセルを開いて、現在ある仕事、貯金をベースに毎月のコストを出し、3月から年末までに悲観的・楽観的・現実的にシミュレーションしたらどうなるかを描きました。

こうすると、不安ばかりが雪だるま式に膨らむマイナス思考から、**現実の課題をどうするかという問題解決思考**に切り替わります。「いつ、いくらなくなる」がわかると、そこでどういう対策を打てばいいのか、複数の選択肢を出すことが

会社が倒産しても
ほかの就職口があるか
転職エージェントに
聞いてみる

A

運動を
はじめるにあたり
10の選択肢を
考えてみる

できます。売上を伸ばす方法やコストを下げる方法を考え、30近くの選択肢を出してみました。そうすると打つ手がたくさんあることに気づき、可能性が広がりました。

たとえば、「会社が倒産したらどうしよう」「リストラされたらどうしよう」と不安になるのは、今の会社で働く以外の選択肢が見えていないからです。倒産してもリストラになっても選択肢が複数あれば、かき乱される度合いが低くなります。

閉塞感は思考がつくり出すのです。どんな選択肢があるか見えるようにするだけで、自由度が広がり、打開策が見えてきます。

「1%改善」の行動で最適化する

してみましょう

私たちは、あれこれ考えすぎて堂々巡りになり、動けないことがあります。そんなとき私は、動きながら考える**「行動フォーカスアプローチ」**を提唱しています。**問題ではなく、行動にフォーカスする**のです。

なにか問題があると、原因分析をして最善の対応策を導き出したくなりますが、忙しい毎日の中ですべてのテーマにゆっくり考える時間を確保できないものです。そもそも若手社員ならば経験不足の中で、

10の行動アイデアを書き出して、自分の気持ちが乗る3つを実践

1. 自分の時間活用における悩みを10個書き出す
2. ネットでタイムマネジメントのメソッドを調べる
3. そのメソッドの中で良い本を1冊買って読み込む
4. 時間活用がうまい先輩AにPDCAの実践例を聞く
5. 課長から自分の時間活用について率直にフィードバックをもらう
6. 学んだ時間活用スキルを3つ実践する
7. 書店に寄って、プランニングができる手帳を買う
8. 先週を「良かったこと」「反省」「改善策」の3つで振り返る
9. 翌日の仕事の予定を10分で立ててから帰宅する
10. 朝30分はメールを見ず、資料作成に集中する

問題の全体像や根本原因を分析できないこともあります。

でも、目の前の問題は放置せずに早く対処したほうがいい。魔法の解決策や正解にこだわってなにも手につかないならば、「1％改善」の行動を積み重ねて最適化を続けたほうが有益です。

具体例として、残業が多い営業職Eさんのケースを例に考えてみましょう。

Eさんは、上司からよく「時間をもっとうまく活用するように」と言われます。いつも時間に余裕がないので問題の自覚はあります。

しかし、考えても原因がわからず、怒涛のように過ぎていく毎日の中でなにも改善することができていません。

Q

悩みを解決するための
カンタンな10の行動は
なんですか？
その中で、
やってみようと思える
3つの行動はなんですか？

そこでEさんには〝問題〟でなく〝行動〟にフォーカスしてもらい、「1週間以内にすぐにできる1％改善の行動」を10個考えてもらいました。それが前ページのリストです。

このレベルの解決行動ならば、すぐに手につきそうです。10個の中から**とくに効果がありそうだと思ったものを3つ選んで、1週間で実践**してもらいました。

まず「4．時間活用がうまい先輩田中さんにPDCAの実践例を聞く」で、訪問の予定の組み方のコツなどを教えてもらいました。すぐに実践すると、訪問先への移動時間が短縮できました。また、移動中に作成資料の大枠をつくるコツも教えてもらえました。結果、いつも深夜

営業の成果を高めるために
①営業本を読む、
②優秀な先輩営業の商談に同行する
③昨年の売上実績を分析する

A

までやっていた資料作成の時間を短縮できたのです。

次に「7．帰りに書店に寄って、プランニングができる手帳を買う」で、「ジブン手帳」に出合うことができました。これによりスケジュールを立てるのが楽しくなったのです。

最後に、「9．翌日の仕事の予定を10分で立ててから帰宅する」を実践すると、翌朝、段取りを決めているので迷わずに仕事をスタートできるようになり、効率化の実感が持てているようです。

このように問題にフォーカスしていていつまでも堂々巡りして動けないならば、行動にフォーカスして小さな1％の改善からはじめてみましょう。

相手も自分も得する解決策を考える

んなハッピーになれます

私たちの日常の交渉ではよく「妥協策」「折衷案」「痛み分け」が解決に用いられますが、一方、ハーバード流の交渉術ではＷｉｎ-Ｗｉｎを先に目指すというのが、もっとも創造的なアプローチとされています。

おたがいが少しずつ損をするより、両者がハッピーになれるほうがいいという考え方です。そのためには、**「相手も自分も嬉しい！」はどこにあるか**を考えていく必要があります。

妥協案で我慢し合うではなく、「Win-Winの解決策」にすれば、み

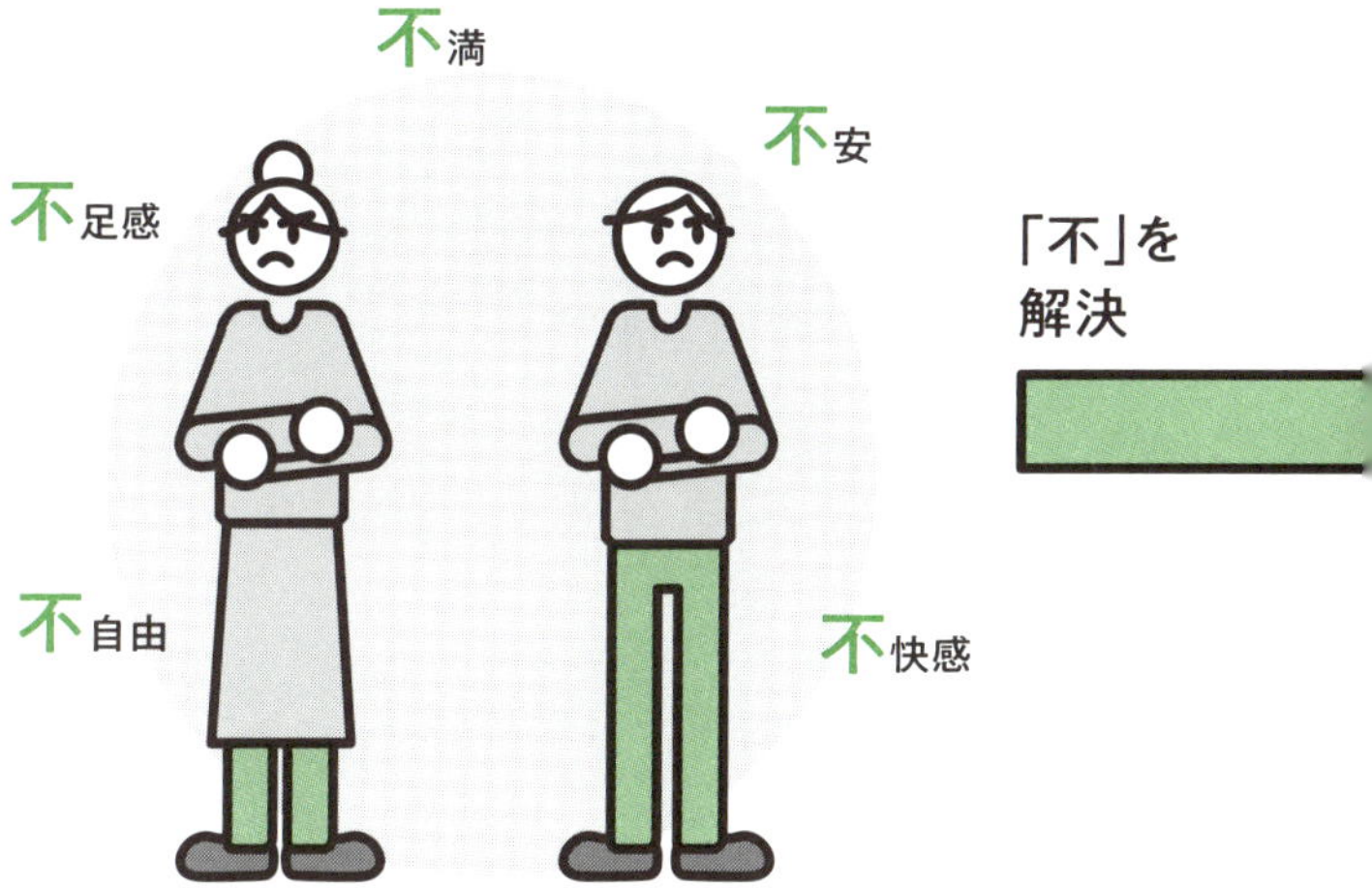

結婚5年目のFさんご夫婦のケースを見てみましょう。

子どもが生まれて1年半が経ち、育児に追われる妻は、夫の帰りが遅いことに不満を持ち、ケンカが絶えません。夫が家で本を読んでいると、「もっと育児に参加してほしい」「家事を分担してほしい」と言います。一方、夫は「仕事が忙しいから家では少しぐらいゆっくりしたい」と言います。すると奥さんは当然、「私にはゆっくりする時間なんてない」「主婦は24時間営業だ」と言い合いになるのでした。

ここで嫌々「じゃあ、皿洗いは担当する」とか「風呂に入れるのは自分がやる」など、折衷案を提示することはある意味ではカンタンな選択です。相手が我

Q 相手の「不」はどこにありますか？

慢している分、自分も我慢しようというものです。

ただ、それではお互い妥協の連続で不自由の痛み分けになります。いちばん目を向けるべきところは、要望・主張ではなく、その根底にある「不」を探ることです。「不」とは**不満・不安・不足感・不自由・不快感**の不です。

奥さんの「不」が、不自由にあるならば、心の底では「自由が欲しい」と叫んでいるわけです。育児に追われていると自分のためになにかをすることができません。そんなとき、夫が自由に好きな読書にふけっていると、不自由な状態を我慢している気持ちが爆発します。この構造がわかれば、「読書をやめて不自由に

今の状況をただわかってほしい、聞いてほしい

自分で自由に考えて決めたい

とにかく邪魔されずスピード重視でいきたい

A

なる」ことではなく、奥さんに「自分の自由な時間をつくってあげる」方法を模索することができます。

たとえば、土日は夫が夜、子どもと楽しみながら男料理をつくり、その間、奥さんは日頃なかなかできないLINEやフェイスブックへの返信などをする時間をつくることもできるでしょう。

Fさんご夫婦は、日曜日の午前中に一時保育に子どもを預けて、ふたりで映画を見る時間をつくりました。これだけでも妻の育児ストレスは軽減して、夫婦のコミュニケーションもしっかり取れるようになりました。

今では夫が家で本を読んでいても奥さんは文句を言わなくなったそうです。

人事を尽くしたら天命を待つ

みましょう

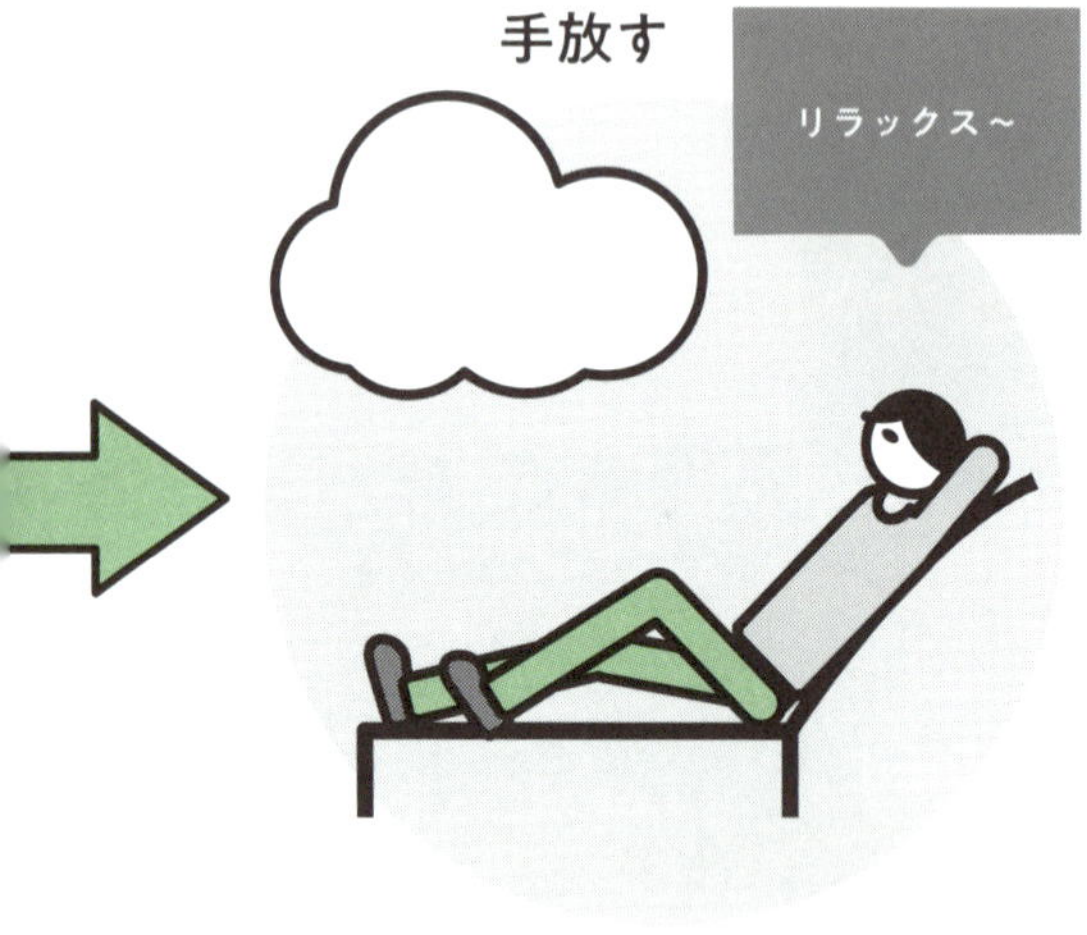

結果や相手の反応を気にしすぎると、過度にプレッシャーを感じて、前に進めなくなることがあります。そんなときは**「それを採用するかどうかは相手の勝手！」**という割り切りも大事です。

私が、「働き方改革」の講演会に登壇したときのことです。プレゼンターは私を入れて3人で、基調講演は箱根駅伝4連覇を果たしたメディアでも大人気の青山学院大学の原晋監督です。

人気の原監督が登壇することもあり超

しっかり準備したなら、結果は手放して、その場を楽しし

満員になっている大会場と聴衆を見て、私は少し不安になりました。

なぜなら、ふだん呼ばれる企業講演と違って、このときは私のことをほとんど誰も知りません。「私の話は本当に会場の人にウケるのだろうか、ニーズに合うのだろうか……」。待っているあいだ、私の心はざわつきました。

でも、そこでふと思ったのです。「今、それを気にしてなにかを変えられるのだろうか？」。配布資料もあり、話の内容を変えられません。聴衆を想定して練り上げたつもりですし、本番の直前に反応がどうなるかを気にしても仕方がないのです。聴衆のニーズに合わなければ途中で帰る人も出てくるかもしれませんが、

「それでいいじゃないか、あとは楽しも

あなたへの質問

Q 結果や評価を もう手放すと どこから割り切りますか？

う」と自分で言い聞かせました。相手の反応より、「自分が心から伝えるべきと思うこと」に主眼を置き、いかに気持ち良く話すかにフォーカスしました。結果的には、アンケートでも好評をいただくことができ、それはもしかしたら私が情熱を持って話をしたことで、伝わるものがあったのかもしれません。

　もちろん、お客様や上司から評価を受けることで仕事が成り立つわけですから、相手のニーズや反応を考えることは必要です。たとえば、提案資料をつくる際に、相手のニーズを想像して準備しなければ採用されません。

　しかし、作成し印刷を終えた後に、それが受け入れられるかどうか想像しても

顧客への提案が通るかどうかは相手次第

A

プレゼンの当日は反応は気にせず、自分が楽しむ

あまり意味がありません。受験でいえば、がんばって勉強するのは良いのですが、試験を終えたらもう受かっているかどうか考えても仕方がないのと同じです。

「今、考えてもどうしようもない」というときでも、私たちは相手がどう反応するか、結果がどうなるかという気持ちに心は揺らされるものです。**どこかのタイミングで割り切り、そんなときはもう結果を手放してあとは行動に集中し、プレッシャーから解放されましょう。**

万事準備したなら、相手の反応・結果は手放して本番に臨む。そうするだけでプレゼンテーションなどでもプレッシャーは少し楽になります。

「今はこれでいい」と納得する

しょう

◯今できる最善を尽くす

「自分の書いた原稿がつまらない」

私が駆け出しのコーチをしていた13年前、はじめてコラム執筆の仕事をもらいました。原稿料もほぼタダに近く、アクセス数も少ないメディアでしたが、はじめての執筆依頼が嬉しくて大いにやる気になって書きました。

ところが、自分で書き上げたコラムを見て愕然としました。まったく面白くなかったのです。

オリジナリティのカケラもないこの記

今できることの限界を知り、未来の自分にバトンを渡しま

✕自分の力不足に悩む

事を世に発信していいものかと迷い、自分のコーチングの師匠に率直に感想をくださいとお願いしました。

　するとそのコーチは、「コーチングとはなにかをわかりやすく表現できていて読みやすいです。ただ、古川さんじゃなきゃ書けない内容ではないですね。あくまで教科書的な一般論のようにみえます」と言いました。私が心で感じていたことをズバリ指摘されました。自分がふだん読んでいるプロコーチの本に比べて初歩的でオリジナリティのない内容に自分の力のなさを感じたのです。

　感想をくれたコーチは洞察に満ちた本を書いていたので、「どうすればそのような本が書けますか？」と聞くとコーチは次のように答えました。

Q 理想には及ばずとも努力していることなら、「今はこれでいい」と受け入れることはできませんか？

「『うーん、でも、今はこれでいい！』と思えませんか？」

私はこの一言で、驚くほど楽になりました。駆け出しの身で、いきなり洞察に満ちたものを書けるわけがありません。現時点で可能な限りの最善を尽くすしかないのです。この「『今はこれでいい！』と思えませんか？」という言葉には、**未来の自分の成長や可能性が包含されている**のです。

「今はこれでいい！」は、「ずっとこれでいい」とは違い、この言葉は「ずっとこんなものしか書けないのかも」という不安を解消してくれるものでもあったのです。

動きは鈍いけど、
ダンスの振りは
覚えられたので
今はこれでいい！

A

ブログの内容は
稚拙だけど、毎日
更新できてるので
今はこれでいい！

自分の力不足を受け入れることは、成長には不可欠のプロセスです。でも、あまりにも高いゴールを掲げて比較をしてしまえば、無力感にさいなまれ、それが行動にブレーキをかけてしまうこともあります。

そんなときは、全力を尽くした結果であれば、「今はこれでいい！」と唱えて小さく成長していくことを続けてみてはいかがでしょうか。

今の自分からスタートする以外に方法はないのですから。

SWITCH 36

でイライラするなら 相手への期待値を見直す

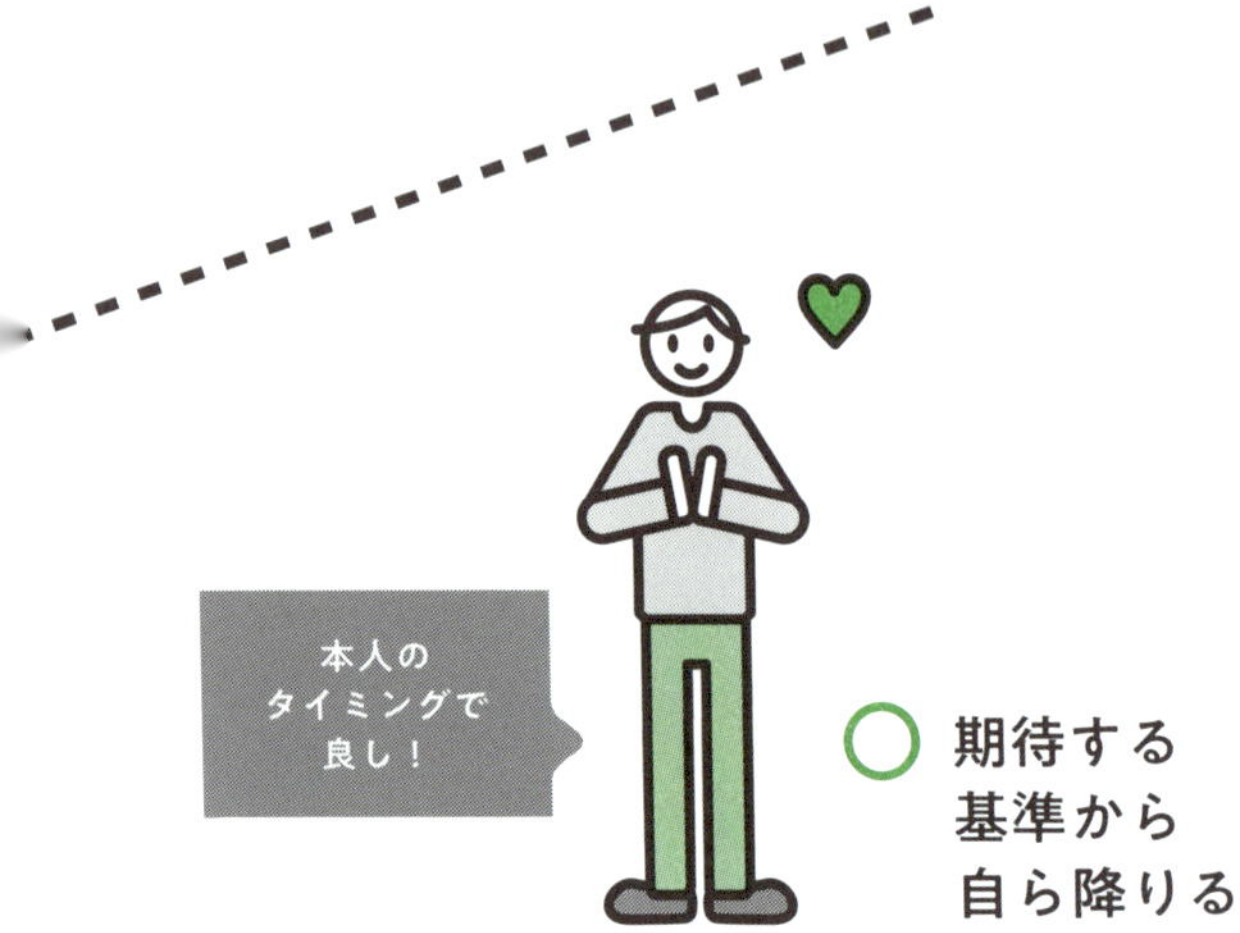
本人のタイミングで良し！
○ 期待する基準から自ら降りる

「ボクらの時代」というフジテレビの番組で、フリーの女子アナである、吉田明世さん・中村仁美さん・枡田絵理奈さんがトークしていました。

働きながら育児をする3人の悩みトークの中で、吉田明世アナの考え方の柔軟性がまさに思考習慣の活きた例だなと思ったので、そのまま取り上げてみたいと思います。

中村アナ：旦那さんに「ここ、なおしてほしいよな」というときは？

相手への期待と現実のギャップ 期待値を下げれば楽になります

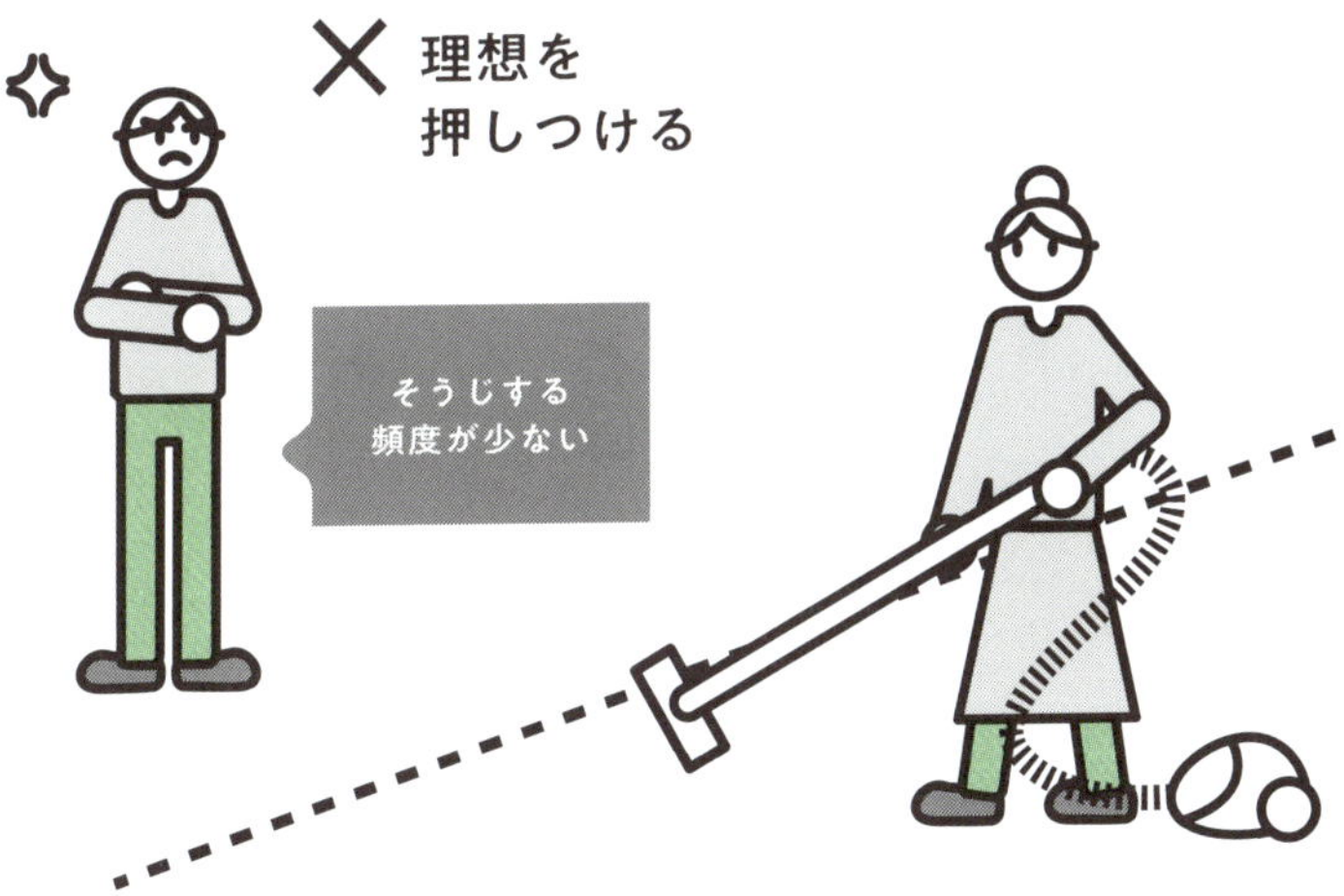

吉田アナ：もう、そういう病気だって、**不治の病だと思うようにしています。**私も同じように言われても治らないところはたくさんあると思うので、お互いそういう病を抱えて、落とし所はどこなんだっていうのを探っていくのが夫婦なのかなーって。（中略）

中村アナ：実際結婚してみて、あれ違ったということもなく？

吉田アナ：不満ももちろんあります。でも**不満を持つタイミングって全部自分のタイミング**だなーって。（中略）「シンクの中に食器があって、これがあるのになんで今洗ってくれないの？」って最初は（夫に）思っていたんですけど、今自分がその汚いことにイライラして片づけたいだけで、夫はそう思っ

Q 期待と現実のギャップでイライラしたり、不満の種になっていることはなんですか？

ていないのにそれを押しつけるのは、良くないいんだなーってことを最近、学んで……そこから、今私がやりたいならやろうって思うようになりましたね。

夫婦関係の専門家、ジョン・ゴットマン博士の研究によれば、結婚生活の中で起こるいざこざの69％が「永続する問題」であると言っています。幸福な結婚生活を送っている夫婦は、これら解決できない問題を大きくしないよう心がけているといいます（『結婚生活を成功させる七つの原則』第三文明社、2007年より）。

人間である以上、完璧な人はいません。「片づけてくれない」「買い物が長い」「準備が遅い」などの不満は当然生じます。

夫の
片づけできない病
は仕方ないかも。
私は遅刻病だし

上司の
イライラグセ。
性格だから
仕方がないか！

A

こういう問題がない状態があるべき姿なのではなく、「永続する問題」としてうまくつき合っていくしかないという見方が新鮮です。

吉田アナの、「不治の病だと思うようにしています。」「不満を持つタイミングって全部自分のタイミングだ」はまさに相手を変えようとせず、自分の見方や期待値を変えるという柔軟性があります。

他人に対しても、自分に対しても「問題は完全になくなるべき」と考えるのは無理な注文です。「本来こうあるべき」と現実のギャップからイライラと不満は生まれます。そんなとき、相手や現実を変えるのではなく、「べき」を見直してみてはいかがでしょうか。

SWITCH 37

がっかりタイムを想定済みにする

突如あらわれます

突然ですが、フランスのなぞなぞです。

「『ある蓮池のスイレンは一日で大きさが二倍に成長する。その池がスイレンですっかり覆われてしまうのに三〇日かかるのだが、では、池の半分がスイレンで覆われるのは何日目だろうか？』答えは、多くの人にとって驚くべきことに、二十九日目である。池の半分が覆われるのは、スイレンで完全に覆い尽くされてしまうわずか一日前のことなのだ。一五日間では池のどのぐらいが覆われるのだろう

すぐには種が花になりません。あきらめずに続ければ、成果が

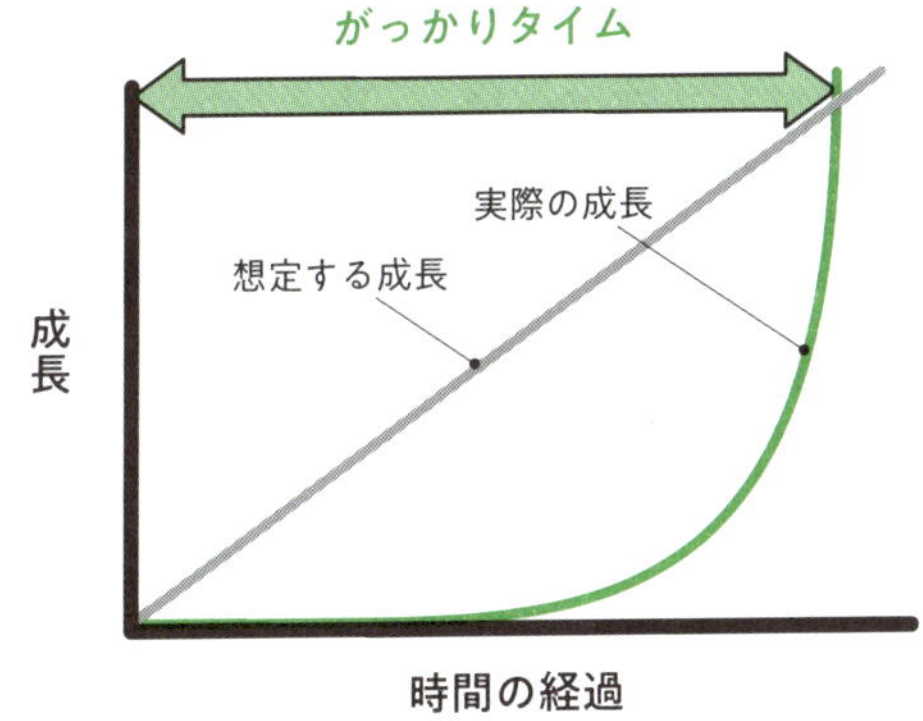

「シンギュラリティ大学が教える飛躍する方法」をもとに作成

か？　答えは、〇・〇〇二五パーセントである。つまり、一ヵ月の中間地点では、スイレンはほとんど気づかれない存在なのだ。」（『社会変革のためのシステム思考実践ガイド』デイヴィッド・ピーター・ストロー、英治出版、2018年より引用）

最初はゆっくりと地味な成長をし続け、あるとき急に結果がでてくるポイントを**「ティッピングポイント」**といいます。蓮池のスイレンが29日目から急に表出するように、努力の成果はときとして、このような二次関数的な傾斜をたどるものがあります。

私の事業パートナーでもある伊藤良氏は、コーチングをはじめたとき、「いつか本を出版できる自分になる」を目標に

Q

がっかりタイムを乗り越えるために自分にどんな言葉を投げかけますか？

毎日ブログで発信し続けることを決めました。しかし、毎日欠かさず記事を書き続けるもアクセス数は一向に伸びません。3年目にして「1000記事を超えて出版の依頼が飛び込んできた！」と思いきや自費出版の宣伝メールばかり。「なかなか結果が出ないですね」と落ち込みながらも更新を続けました。そしてなんと1831日目でついに大手出版社から商業出版のオファーが来たのです。ブログ開始から5年を過ぎていました。

1831日毎日更新という嘘のない、地道な継続が出版社の目に留まり、大ヒットシリーズの著者として出版することになりました。

前ページの図のように、私たちは投入

A

石の上にも三年

桃栗三年
柿八年

ティッピング
ポイントまで
3年がんばる

した努力に対して、直線的な成長を期待しますが、現実は蓮池のスイレンや伊藤さんの例のように二次曲線的な結果の現れ方をすることがあります。**努力しているのに成果の上がらない**この時期は本当に心が折れそうになるものです。これを孫泰蔵氏は**「がっかりタイム」**と呼んでいます。

英単語を一生懸命覚えてもTOEICの点数はすぐには上がりませんし、話せるようにもなりません。

しかし、何年も粘り強く続けた人は、ティッピングポイントを迎えて英語力は必ず上達します。まさに「継続は力なり」です。

その継続を阻む、がっかりタイムを想定済みにすることが大切です。

SWITCH 38

骨太の理由を考える

考えても続きません。

「早起き」「英語の勉強」「資格の取得」など、なんらかの習慣化を目標に掲げたものの、継続できずに終わる人は多いものです。

続けられないと、「自分は意志が弱い」「根性がない」と自信を失いがちですが、実は**続かない根本原因は、「骨太の理由がない」**ことが多いものです。

早起きが習慣化できたクライアントTさんの例をご紹介します。

「どうすれば続けられるか？」を「なぜ続けたいのか」が先です

副業を絶対に
成功させたい。
そのためには
早起きもがんばれる！

欧米に
駐在したいから
毎日必ず英語を
勉強する！

Tさんは、副業をしています。

今の仕事だと家族に贅沢をさせてあげられないのでもっと収入が欲しい、子どもの大学卒業後は心から好きな仕事に人生を懸けたいのでその事業を少しずつはじめたい、という2つの理由からはじめました。

しかし、副業をスタートさせたものの、「本業が残業続きで時間を捻出できない」という壁にぶち当たります。

夜は残業や顧客対応で振り回されるし、早く切り上げても日中の仕事で疲れた頭では集中できず前進しないという課題がありました。

「では、時間はいつつくれるのか？」

あなたへの質問

Q

将来、どうなりたいですか？そのためになにを習慣化すればいいですか？

結論としては、朝副業の時間を確保するしかない！　ということになり、朝5時に起きて6時から8時までの2時間を副業の時間に充てるという生活リズムを身につけることにしました。

もちろん、残業や家族との予定、夜更かしの誘惑などさまざまな難関がありました。

しかし、それを超えてでも欲しい理想が早起きの原動力になっています。Tさんが早起きを続けられるのは、骨太の理由があるからです。

たとえば、「なにか新年の抱負を掲げなくちゃ」と思ってなんとなく「早起き」をはじめても、その理由がたんに「早起きしたほうが朝に余裕が持てるか

起業したいから
新規事業プランを
考えるために
朝5時に起きる

A

国連で
働きたいから
英語を勉強する

ら」というレベルのものでは、夜更かしの誘惑には勝てません。

習慣化をするにあたり、**「自分はどうなりたいのか？　なにを目指しているのか？」**という理想を明確にすることからはじめることをオススメします。

「どうすれば習慣化できますか？」とよく聞かれますが、これは順序が違うのです。「なぜ、そのことを習慣化したいのか？」を考えて十分な骨太の理由をつくり上げることが先決です。

ブレない骨太の理由が見つかれば、自分の気持ちは乗ってきます。

そして、早起きも勉強も理由次第で続くようになります。

よいストーリーに自分を投影する

“ストーリー”です

自分を勇気づけたり、落ち込んだ自分を楽にしてくれたりするのは、他人のエピソードだったりします。

私は挑戦を続けたいときに、心の糧にしている偉人は、リンゴ農家の木村秋則さんです。「奇跡のリンゴ」という本がベストセラーになり、阿部サダヲさん主演で映画化もされたのでご存じの方も多いと思います。私も感銘を受けたひとりです。

絶対不可能と言われた「無農薬リン

落ち込んだときに、心を奮い立たせてくれるのは

ゴ」の栽培に成功するまで、苦節8年。極貧生活、村八分の中で試行錯誤し、自殺も考えるほど追い込まれた末に、無農薬リンゴの栽培法を見つけます。

私も新規事業がどれだけやってもうまくいかず、心が折れそうになっていたとき、ふとこの物語を思い出して自分を鼓舞していました。「壮絶な木村さんの苦闘に比べれば、自分の今の状況は大したことがないな」と自分を勇気づけられます。孫正義さんの『志高く　孫正義正伝新版』（実業之日本社、2015年）や稲盛和夫さんのJAL再建のストーリーも心でなんども反芻する物語です。

どれだけ自分を勇気づける物語を持っているかで思考習慣は変わります。

Q

あなたに勇気を与えてくれる、癒してくれる、自分らしく生きていいと思わせてくれる物語はなんですか？

物語はやる気や挑戦を応援してくれます。

偉人の伝記やテレビ番組の「カンブリア宮殿」や「情熱大陸」が意識に影響を与えてくれるのは、見て聞いて感じることができるからです。

私たちの感情を強く揺さぶるのは、言語ではなくイメージです。

美辞麗句が並んだ御説御尤《おせつごもっと》な話より、**イメージしやすい体験談のほうが心を揺さぶります**。イメージこそ、私たちの脳にスイッチを入れてくれます。

しんどいときにはお気に入りの物語を頭のなかで上映してみてください。

スラムダンクの
安西先生の言葉
「諦めたらそこで
試合終了ですよ」

A

孫正義氏の
「自転車操業だと
会社がマズイ？ じゃあ、
もっと早く漕げ！」

挑戦の物語ばかりではなく、癒してくれたり、もっと自分らしく生きていいんだと思わせてくれる物語でもいいのです。イチローや羽生善治、松下幸之助といった偉大な人の物語ばかりではなく、身近な人の具体的なエピソードが自分を乗せることもあります。

自分の心が強く動くもの、琴線に触れる物語を見つけてください。

ことあるごとに思い出し自分に応用して置き換えていくことで物語は自分の糧になります。

一般論ではなく、自分の心が真に動いた物語から、人生訓を得てみてください。

プラスの意味を見いだす

せれば、

「ある朝早く、1人の男が打ち寄せる波を見ながら海岸を歩いていると、数えきれないくらいのヒトデが砂浜に打ち上げられ日干しになって死にかけていることに気づいた。

その異常な光景にしばし茫然としていると、ふと遠くのほうで若い女性が1つ1つそのヒトデを拾い上げては海に向かって投げ返している姿が目に入る。男はその女のところまで近づいていき、こう声をかけた。

「そんなことしたって時間の無駄じゃな

“成長するための意味”を見いだせば辛いこともがんばれます

そうか！
この嫌な作業にも
こんな意味があるかも！

いか。こんなにたくさんのヒトデがあるのに、そんなことをしていったいなんの意味があるんだい？」

するとその女は足元にあったヒトデを1つ拾い上げると思いっきり海に向かって投げ返し、「あのヒトデにとっては意味があったわ」と言ってさらに足元にある別のヒトデに手を伸ばした」（コーチング・バイブルより引用）

意味というのは与えられるものではなく、この海辺の女性のように自分で見つけるものです。

私が新人1年目にパソコンショップに配属されて辛かった仕事の1つが「店にかかってくるクレーム電話」でした。その店では商品を売った販売員本人ではな

あなたへの質問

Q 今抱えている嫌な状況にどんな意味づけができますか？

く、その電話を受けた人がクレームに対応するというルールになっていました。

クレーム対応は誰しも嫌なものです。私ははじめ、レジ前の電話を取らずに済むように避けていたのですが、避けるほどに取らざるを得ない状態になるのが不思議なところです。

これ以上、逃げ回っているとストレスが大きくなると思った私は、**そこに意味を見いだして、向き合う**ことにしました。クレーム対応は、「コミュニケーション筋トレ」という意味づけをして積極的に対処することにしたのです。まず、お客様の怒りに共感し、自分が言う言葉に細心の注意を払いながら、最終的に納得してもらう必要があります。

相手の気持ちを推し量り受容するEQ

A

監査部への配属は不満だけど、別の側から会社を俯瞰するチャンス

この厳しい上司がいる職場ならスキルが上がり、メンタルも強くなれる

力（感情的知性）、激しい怒りの言葉に晒されても動じない胆力、瞬発的に言い回しを考える素早い頭の回転が求められます。

これらの能力はビジネスパーソンとして永久に必要なことであり、クレーム対応はコミュニケーション筋トレになると考えたのです。すると不思議と嫌な気持ちが軽減しました。意味づけしたことで、やらされ感がなくなり、クレーム対応が自発的行為に変わったのです。

どんな意味を見いだすと、自分が乗ってくるかは人それぞれですが、成長への意味を見いだすというのは効果のある思考習慣です。

自分の過去の体験とつなげて考える

とつなげると、

過去の体験

頭で正しいとわかっても腹の部分が納得していなければ、なんとか気持ちを盛り上げたところで必ずブレーキがかかります。迷いなく前に進むためには頭と心と腹が全部納得していることがものすごく重要です。

経験がない場面での対応策を考えるとき、自分の体験と結びつけて理解すると、腹落ちさせることができます。

私は、40の手習いですが、「極真空手」をはじめて毎週稽古をしています。子ど

新しい困難も、過去の成功体験
本質的な解決策が見えてきます

もに習わせるために父親もやっておかなければという想いからはじめたのですが、いつしか没頭して本格的に取り組んでいます。

私ははじめての試合の2回戦で、格上の相手から顔面に強烈な蹴りを浴び、ほぼ手も足も出ずに負けました。それからというもの、恐怖心から組手のときはなかなか相手に踏み込んでいくことができません。

日本チャンピオンの指導員の先生に「どうすれば恐怖心はなくなりますか？」と相談すると、「恐怖心は、稽古を積めば克服できます」と言います。信頼する先生が言うことなので頭では「なるほど」と理解できます。しかし、組手をするたびに恐怖心が湧き上がってきて、こ

Q 腹落ちしていないことを自分の体験に紐づけてみるとどんな本質が見えてきますか？

れが本当に解消されていくのか、腹落ちはしていませんでした。

そこで「なにか自分の中で近しい体験はないか？」と考えてみました。

ぱっと思いついたのが、プレゼンテーションです。私は企業研修や講演を本業にしているので、人前で話すのは日常茶飯事です。そのため、人から「プレゼンで緊張しないためにどうすればいいですか？」とよく聞かれます。

私はテクニックもお伝えしますが、「最後は場数ですよ！」と答えます。数をこなせば、緊張感をなくすことができなくても、圧倒されることはなくなります。それには人前で話す経験の数が絶対的に必要なのです。

ラグビーの経験とつなげると、英語学習を続けるツボが明確になった

A

営業の仕事とつなげると、夫婦の信頼関係の本質が腑に落ちた

今すぐ強烈な緊張から解放されたい人にはすっきりする答えではないとわかりながら、自分の実感としてそう答えるしかありませんでした。

さて、ここで空手とプレゼンの話は**本質的に構造が同じである**ことに気づきます。空手は恐怖心、プレゼンは緊張感を、「今すぐなくしたい！」という性質も似ています。自分の成功体験のあるプレゼンに当てはめると空手の先生の言葉が腑に落ちて、恐怖心を克服できる将来イメージが描けました。そして結局、日々の鍛錬が重要であることも。

このように、なかなか納得できない、ピンとこないというときは、類似する自分の体験を紐づけて考えてみてください。

SWITCH 42

やる気の湧くログセを使う

やれることが見えます

天職を見つけるために
なにをしようか？

『7つの習慣』を日本に広めた作家のジェームス・スキナー氏の講演の質疑応答で、30代の男性が手をあげて、こう質問しました。

「自分のやりたいことが見つかりません。どうすれば一生のめりこめる天職を見つけられますか？」

これに対して、スキナー氏は次のように答えました。

「見つからない」「分からない」を「探す」「学ぶ」に置き換えれば、

「あなたは『探す』という行動はどれだけやっていますか？『見つかる』は、探すという行為の結果です。**あなたは、やりたいことを見つけるためにどんな行動をしていますか？**」

質問者は「いや、ほぼなにもやっていません……」と絶句。

「それでは見つからないですね。まず探すという行為をしないといけません」とアドバイスされていました。

「見つかる」「わかる」は結果です。「探す」「探求する」「学ぶ」「試す」は原因となる行動であり、これらは**自分でコントロールできること**です。

Q

自分の悩みや夢についての受け身な言葉を主体的な表現に置き換えるとなにができそうですか？

そして、このちょっとした言葉の使い方ひとつで思考を変えることができるのです。

先ほどの例ならば、「やりたいことが見つからない」ではなく、「やりたいことを探していない」という言葉に置き換えてみるのです。

「どうすれば残業を減らせるのかわからない」と言わずに、「残業を減らすための方法を学ぼう、試そう」と言葉を換えてみてください。

「わからない」という言葉を使うと思考停止してしまいますが、「学ぶ」「試す」という言葉を使うと動く余地が生まれます。

英語が上達しない
ではなく、
上達する方法を
学ぼう

時間の使い方が
下手だ、ではなく、
改善できる方法を
試そう

A

たとえば、「セルフイメージが低いんです。どうすれば高められますか?」と相談されれば私なら、「セルフイメージをどうしたら育てることができますか?」と聞き返します。

「高い」「低い」という2つに1つではなく、「育てる」という言葉には動きがあり、成長の余地が発生します。

受動的な言葉：見つからない、できない、わからない、難しい

主体的な言葉：試す、学ぶ、探す、探求する、育てる、成長していく

このように頭の中で反芻する言葉を主体的な言葉に置き換えるだけで、思考は変わります。

SWITCH 43

無駄なものはないと考える

価値はあるのだろうか？

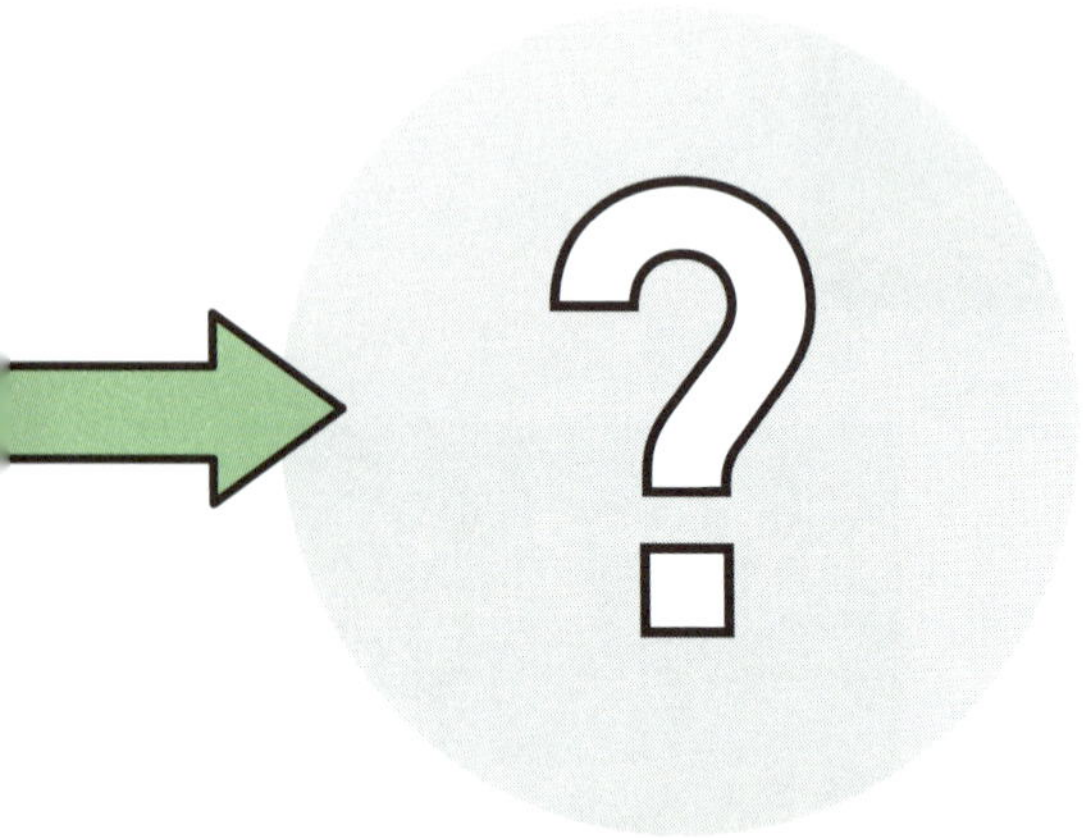

一度飲んで体から排泄されたお茶は、「お茶」なのか？ それともほかのなにかだろうか？

仕事でも人生でも、**不運や不幸が重なると、ポジティブになること自体難しい**こともあります。そんなときに、これから紹介する例が心を軽くする1つの大きな解釈になれば幸いです。

これは『ZEN 釈宗演』（高島正嗣、日経BP社、2018年）に記載されている禅問答のような対話です。長くなりますが、含蓄のある問答なので、そのまま掲載します。

若き日の鈴木大拙氏が、当時すでに老

自分がやっていることに意味や
そこに境目などはないのです

僧であった釈宗演氏に教えを請うた一節です。

釈宗演老師とは夏目漱石の法義を執り仕切ったことでも有名な臨済宗円覚寺の元管長であり、禅を世界に広げるきっかけをつくった人です。さらにそれを海外に翻訳し広げたのが、鈴木大拙氏。

鈴木大拙氏が、言います。「私も数年参禅させていただいておりますが、当然の如く未だに何一つわからず、このような者が仏教についての草案を英訳など不可能に思えてならんのです」

宗演氏は大拙氏に「これは何だ？」とお茶を見せます。

「お茶だと思いますが」と答えると、そのお茶を目の前でぐっと飲み干します。

解釈も変わります

「さて、お茶はどこへ行った?」

「それは、老師の腹のなかでしょう」と大拙氏は答えます。

次に、宗演氏は、「然り、今朝食べた粥や胃の粘液と一緒に我が腹の中に収まっておろう。だが今は腹の中だとしても、入ったものはいずれ出てくる。ここで問うが、出てきたものは茶かな? それとも他の何かかな?」

大拙氏は、「それは……他の何かかと思います」

宗演氏は「うむ、ならばさらに問おう。茶であったものはどこへ消えた? そもそもいつまでが茶と呼ばれるものであった?」「それは……」と答えに苦しみます。

最後に、宗演氏はこう言います。

人生で無駄なものは1つもない。そう思えれば目の前の出来事の

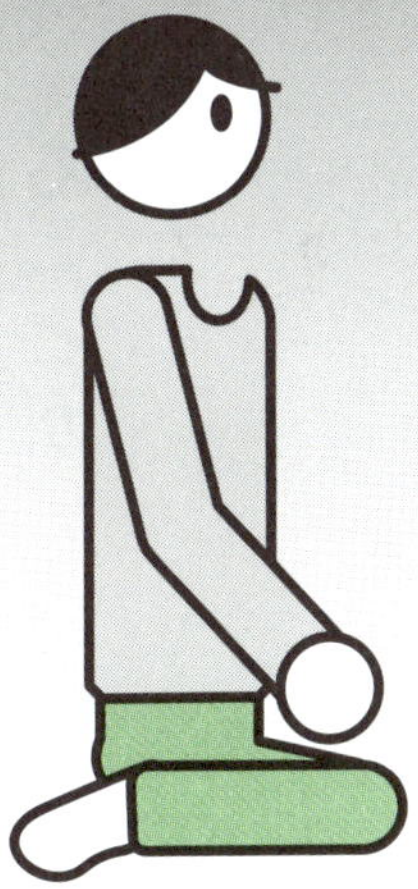

「境目などないのだよ、先ほど君はそれをお茶だと言ったが、私には緑と命そのものに見える。湯で煮出しされ、茶となる前、茶葉は植物として生きていた。

その種は、水を吸い上げ日の光を浴び、様々な栄養を含む土によって育まれたはず。（中略）遥か過去より遥か未来へ続く、命と緑の流れの中で我々は生かされているのだ。（中略）一見無意味に見えるその事象も、全てに意味が有り起こるべくして起こっているのだ……と踏み潰された果実、堕胎された胎児、打ち捨てられた獣の屍ですら過去から今に……そしてまだ見ぬ明日へ影響を及ぼしていてそして、なんらかの礎になっているのだ……と」（中略）

「おそらく、そんなところではないかな。

あなたへの質問

Q
すべてつながっている。無駄がないと考えるとどう捉えることができますか？

私だって仏教のすべてを体得しているわけではないのだよ。では引き続き宜しく頼みますぞ」

この話は、ここでおしまいです。


私も独立してから3年間、コーチング業界の中でも自分の独自の立ち位置を見つけられず、もがき苦しみました。夢を描くコーチと肩書きを打ってみたり、営業コーチ、モチベーションコーチ、朝礼専門コーチなど、会うたびに名刺の肩書きが変わるねと揶揄されるほど、どれをとってもうまくいかず、自分のアイデンティティを表現するポジショニングが見つけられませんでした。

必死に探すも、3年間右往左往するばかり。もう無理だ！　と思って、目黒川

今やっている
無意味に思える
仕事も
糧になっていく

A

このファイルの
整理作業をすれば
みんなが
使いやすくなる

を散歩しているときに、ふと本を書く生き方をしたいという啓示を受け、「習慣化」という切り口に出会いました。私の生涯を通じて探求するテーマであり、最高のポジションだと思っています。

ここにたどり着くまでに随分と無駄なことをやったなと思うのですが、最後の「習慣化」というテーマに行き着くまでに3年の右往左往はなに1つショートカットできることはなかったようにも思います。**すべて意味があり、必要だったと今なら納得できる**のです。

長い人生で無駄なものなど1つもないという視点に立てば、目の前の出来事に対する解釈を変えることができます。

感謝思考で世界観を変える

「感謝するようになったら、悩み続けることがなくなった!」

NHKの「幸福学」白熱教室制作班によると、「感謝」を感じる人はそれだけで心の豊かさが高まるという研究結果があります。

幸せな人に共通するのは**感謝を感じる習慣がある**ということ。

そして、**感謝を感じる習慣を持てば幸せ体質になっていく**というのです。

以前、大手化学メーカーで3時間の思

感謝の習慣が身につけば、幸せ体質になります

考習慣セミナーを実施しました。

化学プラントを日本から海外に移転させることになり、社員60名は海外駐在することになり、社員からは不満の声が続出していました。

「なんとか社員が前向きに捉えられるようにレクチャーしてもらえないか?」ということで私に依頼があったのです。ずいぶん難しいご要望だと思いましたが、お力になれればと思い工場に伺いました。

セミナーでは、今ある不安・不満を全部吐き出すことからスタートしました。すると、ここぞとばかりに噴き出すようにたくさんの声があがりました。

「家族を残して海外に行くのは心配だ」

「宗教や食など、違いがありすぎて不安」

Q 今日の何気ないことへの感謝を書き出すとどうなりますか？

「地元から出たことがないのに、海外駐在なんてヒドイ」「子どもを連れて行けない」「単身赴任は寂しい」……など。

ところが、1時間程経過したときに、ある受講生が「でも仕事があるだけありがたいけどね……」と言いはじめたのです。

その背景は次のようなものでした。競合他社も同様にプラントを海外に移しているが余剰人員はリストラしている。自分の会社は労働組合との話し合いで人事異動はすれど、リストラはしないと決めた。その代わり配置転換は受け入れてほしいという合意がなされていたのです。

別の参加者からも、「たしかに今、リストラされたら行き場ないし……」との

今日も同僚が
ランチに
誘ってくれた。
気遣いが嬉しい

妻が私の健康を
考えて夕食を
つくり待っている。
ありがとう

会社は面倒なこと
を要求するけど、
社員の雇用は
守ってくれる。感謝

A

声もではじめ、少しずつ感謝の視点の声が聞こえてきたのです。3時間のセミナーで全員が海外赴任を前向きに捉えられたわけではありませんが、感謝を見いだすことで、ポジティブな解釈が広がったことはたしかです。

マイナス思考に陥りがちな人が感謝日記を書きはじめると「悩み続けることが劇的に少なくなった」という声がよくあがってきます。

マイナスに思える出来事に感謝できると、「そのこと自体は起きてくれて良かった」という解釈に変わるからだそうです。感謝の習慣が身につくと、解釈の次元が変わります。

第3章

感情の習慣

やりたいことを見つける

豊かな感情の習慣を取り戻そう

はじめに、ふだん心で味わっている感情を感じてみましょう。

ポジティブな感情ならば、安心・リラックス・自己肯定感・達成感・意味・感謝・完了感・平和・つながりなどです。一方、ネガティブな感情ならば、不安・焦り・自己嫌悪感・挫折感・後悔・恐怖・絶望・イライラ・未完了感・危険・孤独などです。

あなたは、どんな感情を味わっている時間が長いでしょうか?

私たちは行動や思考にパターンがあるように、心で感じている感情にも同様にパターンがあります。私はこれを「感情の習慣」と呼んでいます。人生を幸せに生き、長くビジネスで活躍するには「感情の習慣」を良くすることが重要です。

仕事や生活の忙しさに追われていると、「感情」に意識を向ける時間は削られます。むしろ感情に蓋をして動いたほうが、面倒がなくていいとさえ思いがちです。しかし、感情の習慣が悪くなると、どんどん行動や思考の習慣に悪影響がおよび、人生や仕事の充足感のなさにつながっていきます。

ポジティブ心理学に「3：1の法則」という概念があります。人間が幸福を感じる転換点は、**心でポジティブ感情3に対してネガティブ感情1を味わっている**というのです。

この法則が面白いところは、ネガティブな感情が不要と言っているわけではないことです。不安がなければ準備をしないし、焦りがなければスピードは生まれません。適度な自己嫌悪感がなければ反省しません。よって、マイナスに見える感情も人生には絶対的に必要だということです。

とはいっても比率が重要です。たとえば心を占有する感情比がポジティブ1に対してネガティブ3だとどうでしょうか？　その人はつねに不安や焦り、無力感、自己嫌悪に苛まれていることでしょう。

誰でもネガティブな感情に襲われることはあります。ただ、それを心で長引かせるか、すぐに抜け出せるかでまったく変わってきます。

だからこそ、私が習慣化のコンサルティングをするときは、習慣化についての悩みを聴きながら、今どんな心の状態か、つねに相手の感情にフォーカスしています。

たとえば、生活が悪い習慣に乱されているときは、必ずと言っていいほど感情習慣が悪いときです。仕事や人間関係でムシャクシャしているときは、深酒や過食、ネットサーフィンなどでストレス解消したくなるでしょう。**ストレス感情があるほど、悪い行動習慣にはまりやすい**のです。

そして、もう1つ別の観点から、感情習慣を見ることが重要です。それは、いわゆる**「やりたいこ**

とがわからない」「好きなことが見つからない」という悩みがあるときです。

考えても答えがわからず迷走しはじめると途方もない自分探しをはじめることになります。しかし、幸せの青い鳥のように、答えは外ではなく、自分の内側にあったと気づかない限り堂々巡りを続けます。

大切なことは、心の深い部分に眠っている「没頭」や「熱狂」を生み出す欲求とつながることです。この欲求が爆発するとパワフルな感情が湧いてきます。そして、この欲求と感情をベースに好きなことや天職を探究していけばいいのです。

ではその強烈な感情は、どこから生まれるかというとビリーフと本質という2つの力から生まれます。

ビリーフとは、その人が無意識に信じている考えです。

「自分はやればできる!」と信じている人と、「自分はできない」と信じている人では同じ状況に置かれても生まれる感情がまったく違います。前者なら、希望と可能性と自己有力感を感じるでしょうが、後者は絶望、閉塞感、無力感が心を占有していきます。

本質は、すでに持って生まれている欲求・特性です。人それぞれ心地良く感じる世界は違います。目標達成が生きがいの人もいれば、日々の人との豊かなつながりが幸福度を大きく左右する人もいます。つねにクリエイティブな表現を追求することで豊かさを感じる人もいれば、平穏無事な日常を繰り返すことを愛する人もいます。これらは変えようとするのではなく、自分らしさとして従うべきものです。

スティーブ・ジョブズは、スタンフォード大学の講演で次のように語っています。

「なにより大事なのは、自分の心と直感に従う勇気を持つことです。あなたの心や直感は、自分が本当はなにをしたいのかもう知っています。ほかのことは二の次で構わないのです。」

このように紹介すると、「心と直感に従うためにはどうすればいいですか？」と方法論を聞かれます。こればかりは考えることではなく、心や魂のレベルの反応であって、「感じるセンス」を磨いていくしかありません。

その最たるシンプルな問いは、「それって、乗る？　乗らない？」と私たちの内側に深く問いかけて感じて、それに従っていく習慣をつけることです。心の奥深い部分が「YES」と反応する乗ることを増やし、乗らないことを手放していく。そうすると、人生も習慣もうまく回り出すのです。

それでは、本章は3つのパートで自分の感情習慣のつくり方を紹介します。

感情習慣を生み出す２つの力

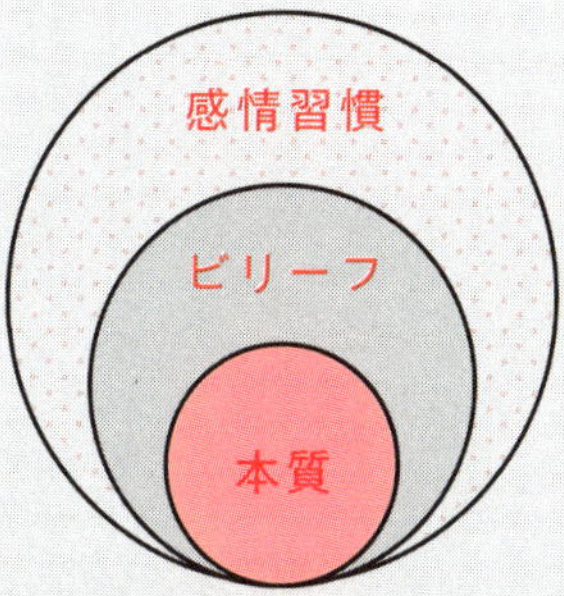

放電を減らし、充電を増やすときに

放電

ドカ食い

まず、感情習慣に気づくキッカケとして、あなたの感情を下げる要因と上げる要因を探ってみることをオススメします。

1日の中で、あなたの感情・気分・エネルギーを下げたものはなんでしょうか？

- 朝早く起きようと思っていたのに、7時半ギリギリに起きてしまった
- お昼ご飯をドカ食いしてしまった
- 洗濯物が山ほど溜まっている
- イライラして子どもに怒ってしまった

心のエネルギーが、最大化した いちばん充足感を得られます

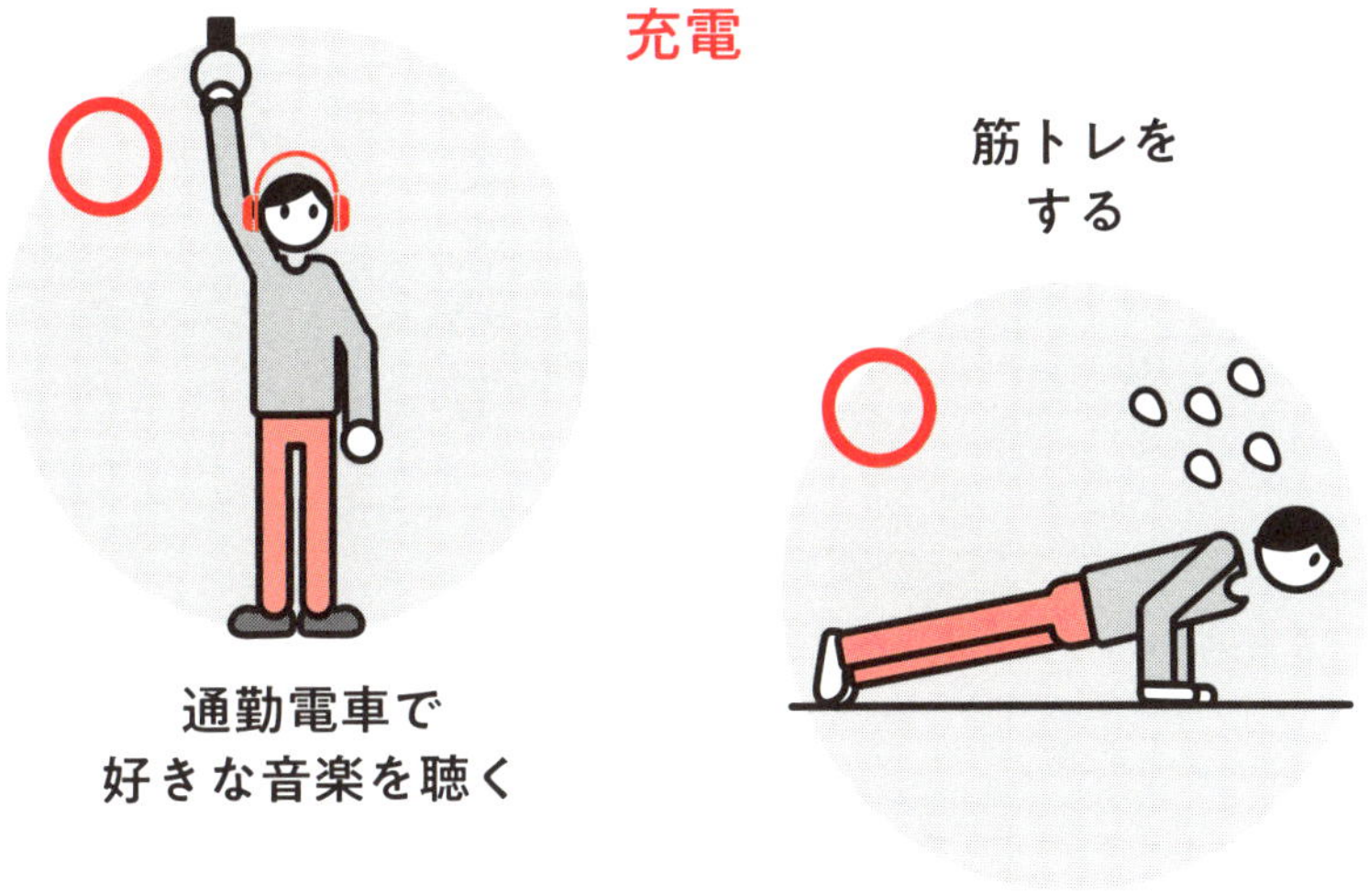

- 家が片づいていなくてため息をついた
- 友達との飲み会の約束をドタキャンしてしまった
- 仕事で先週出さなければいけない報告書を今日も先延ばしにしてしまった

このようなことは誰にでも、1日にたくさんあります。これらは、あなたの感情エネルギーを下げたという意味で、**「心の放電リスト」**と呼びましょう。感情の習慣を良くするためには、**エネルギーを奪うこれらのことを書き出して自覚し減らしていくこと**が大切です。

では、放電をなくせば心は豊かになるかというと、そうではありません。押し下げる要因が消えるだけで、マイナスがゼロに戻るだけです。

あなたへの質問

Q あなたにとって「放電になること」と「充電になること」はなんですか？

1日の中で、あなたの感情、気分、エネルギーを上げるものはなんでしょうか？

- 書斎でゆっくり30分、読書ができた
- クイーンの音楽を移動の電車で聴いた
- 腕立て、腹筋ができた
- じっくりと日記を書いた
- 家族と一緒にご飯を食べられた
- 上司から「資料がわかりやすいね」と褒められた

これらは、あなたの感情エネルギーを高めるものとして**「心の充電リスト」**と呼びましょう。人それぞれ、充足を感じられるものは違ってきます。

今日やっていなくても、**充電リストを**

夜更かし、
深酒からの寝不足、
だらだら残業が
もっとも放電する

A

家でゆっくり
お風呂に浸かり
本を読むと、
最高の充電になる

書き出して持っておくと放電だらけの1日の最後にせめてもの「一手」で感情を高める行動ができます。

ぜひ、1日の最後に振り返り、1日の総合充実度（%）と放電リストと充電リストを書き出してみてください。

振り返るという行為はとても重要です。放電・充電リストを書くと、心に溜まったストレス、心が喜んだ行動がはっきりと掴め、徐々に放電が少なくなり、充電が増えていき、感情習慣が良くなっていきます。

これが感情習慣の現状を知るキッカケになりますし、小さな改善をはじめていく習慣にもなります。

マインドフルになる

心は「マインドフル（今ここに集中している）」のときに充実感を得て、「マインドレス（心ここにあらず）」のときにストレスを感じます。

忙しい毎日の中でも、**目の前の1つのことに100％没頭しているあいだは、ストレスは小さい**ものです。「あれもやらなきゃ、これも忘れていた」と意識と行動が複数のものに分散すると、脳はストレスを感じます。

ストレスは、過去の後悔や未来への不安から生まれます。

今この瞬間に集中すればストレスは最小化します

昨今マインドフルネスがブームになっています。グーグルやマッキンゼーなど外資系企業で働くハードワーカーたちは、ストレス解消や集中力回復のために、瞑想の時間をつくっています。

私も鎌倉の円覚寺や谷中の全生庵に行って座禅をします。

背筋を伸ばして呼吸を数えていくだけのシンプルな方法です。最初の10分ぐらいは雑念が湧き出してマインドレス状態が続きますが、これを超えると呼吸だけしかないマインドフルな世界に入っていきます。「無」とまでは言えませんが、「今この瞬間」に存在している感覚になり、そこには深淵な静けさがあり、無限の平和が心に訪れるのです。

あなたへの質問

Q マインドフルになるために、なにができそうでしょうか？

心がマインドフルになり、今この瞬間のモードに入ると、ストレスから解放され、癒され、瑞々しい集中力を取り戻していきます。

座禅で呼吸に意識を集中している間、雑事・日々の悩み・ストレスから離れて、平和で静寂な心の深い部分に潜ってみると、心を乱していたものは実に些細なことに見えるから不思議です。

その問題にどっぷりハマっているときには見えないことが、心の静かで平和な世界に入ると達観して見えるのです。

マインドフルになるには、必ずしも瞑想しなければならないわけではありません。自然の中を歩いて時を忘れてもいいでしょうし、運動もオススメです。水泳にジョギング開始から20分すぎるとマインドフルになれる！

A

部屋で好きなミュージシャンの歌を聴いていると今この瞬間に浸れる

15分も没頭すれば、意識は頭から身体に焦点が移っていきます。そのとき、今この瞬間しかないゾーンに入れます。

没頭できる趣味をつくることでも、今この瞬間ゾーンに入ることができます。

また、**仕事でも1度に1つのことに没頭して集中することがマインドフル**です。

逆に、お酒・ギャンブル・スマホなどで、ほかのことを忘れることもできますが、これはジャンクなマインドフルのつくり方です。度がすぎるとお金や身体へのダメージが大きいからです。

あれこれ、頭が雑然と分散した意識状態より、心はマインドフルを望んでいます。

SWITCH 47

「主導権」を取り戻す

朝の10分間で計画を立て
仕事をスタートする

ポジティブな感情をつくるためには、いかに生活・仕事に主導権を取り戻せるかが非常に重要です。序章でご紹介した幸福の公式のとおり、「自発的行動」が幸福の50%を握ります。

私は以前、『「早起き」の技術』という本を執筆したときに、早起きの本質的なメリットを追求しました。

早起きしたい理由は人それぞれです。「英語の勉強がしたい」「早く出社して計画を立ててから仕事をスタートしたい」

生活の主導権を握れれば、幸福度は50%上昇します

起床時間を
自分で決めて
早起きする

スマホをオフにする
時間を決める

「ランニングしたい」「余裕を持ちたい」「夜更かしするダメな自分を変えたい」。

　これらを深く聞いていくと、その根底には、**惰性に流されたり、誰かに振り回されたり、時間に追い立てられるのではなく、日々の生活に〝主導権〟を取り戻したい**というもう一段深い欲求があるのではないかと感じました。

　主導権、自己コントロール感が幸福度を大きく左右することを考えれば、習慣化の中で早起きが普遍的に人気なのも頷けます。

　しかし、主導権は起きる時間だけにとどまりません。

Q 生活に主導権を取り戻すためにどんなシンプルルールを設定しますか？

「怠惰な感情に流される」「予定に追い立てられる」「上司に振り回される」など、なにかに振り回され、追い回されて、流されている感覚ほど幸福感を下げるものはありません。

逆に、人生と生活を自分でコントロールしている感覚があると豊かさは高まります。

主導権を取り戻すには、**まず自分がなにに振り回されているかを書き出し、次にシンプルなルールを決めて実行**してみてください。

たとえば、次のような内容です。

「朝は1時間早めに起きる」（バタバタの毎日から抜け出す）

「朝の10分間で1日の計画を立て仕事を

迷走しがちな
会議のはじめに
目的とゴールを
示す

A

朝の30分間で
会社の近くで
勉強する

はじめる」（行き当たりばったりの仕事をやめる）

「朝の30分はメールを見ず資料作成に集中する」（突発仕事に振り回されず集中する）

「約束の15分前に到着する」（電車遅延や渋滞で焦らされるのをやめる）

「スマホは22時にオフにする」（つい見てしまうという惰性・依存から抜ける）

「日記を書いて1日を振り返る」（1日に振り回されても最後は自分と向き合う）

ネガティブな感情に流されているとき、自分の豊かさを下げているとき、他動的なパターンがあるはずです。それを好転させるためのシンプルなルールを決めていくだけのちょっとしたことから、主導権は取り戻すことができます。

わくわく行動を実践する

きます

「みんなが考えているより、ずっとたくさんの幸福が世の中にはあるのにたいていの人はそれを見つけられない」

――童話作家　メーテルリンク

ポジティブな感情をつくるためには、**わくわくすることを生活や人生につくり出す**ことです。

このような悩みはないでしょうか？

「会社と自宅の往復で同じ日々の繰り返しだ」「無趣味だから休日もなにをしていいかわからず時間を持て余す」「新し

ワクワクすることを10個やると子どものころの好奇心が戻って

い刺激もなく、1年があっという間に過ぎていく」

もし、お決まりパターンの日々に閉塞感や退屈さを感じているのであれば、「わくわく行動」を実行する習慣をオススメします。

ある年の夏に掲げた私のわくわく行動10のリストは次のとおりです。新しい体験を通じて世界を広げたかったので、どれも初挑戦の行動ばかりです。これをSNSで1ヶ月後までにすべて完了させる宣言してスタートしました。

1．釣りを体験する　2．人生初のゴルフの打ちっ放しに行く　3．ひとりでバーに行き、人生を振り返る　4．家族とバーベキューをする　5．太極拳を体

Q あなたが今月できるわくわく行動10はなんですか？

験する　6．裁判の傍聴をする　7．高尾山に登る　8．住宅展示場に行く　9．家族と海水浴に行く　10．水上バイクに乗る

いざ、実行してみると2時間あればゴルフの打ちっ放しに行けますし、ひとりバーを体験するのは探せば家の近くにあるものです。1ヶ月後には、時速45キロの水上バイクで江の島の美しい海岸沿いを走り、夕焼けと富士山を眺めながら、10のリストが終わった達成感に浸っていました。これらのリストは、家族も巻き込み一緒に楽しめるのもいいところです。今も毎月やっていますが、好奇心の分だけ人生は楽しくなると実感しています。

前から
興味のあった
シルク・ドゥ・ソレイユ
を観に行く

A

長野の上高地に
行って
森林浴をする

好奇心を蘇らせると、日常が楽しくなり、感情習慣が良くなります。

子どものような好奇心を蘇らせれば、世の中は楽しいことや面白いことで溢れていることに気づけます。それを狭めているのは自分の行動・思考・生活パターンによる呪縛です。

さらにわくわくすることをやると、**不思議な偶然から人生のターニングポイントとなるような人や出来事に出会う**ことがあります。

お決まりのパターンから一歩抜けて、新しい世界に踏み込んでみてください。好奇心の分だけ世界は広がり、人生の選択肢も増えます。そこから新しい人生が展開する可能性があります。

ビリーフ次第で世界は変わる

「できると思ったらできる！　できないと思ったらできない！」と言うと、たんなる精神論に聞こえますが、これはビリーフ（無意識に信じている正しいという考え）の違いです。

感情習慣を大きく左右するのがビリーフです。ビリーフは**幼少期に親や周りの環境**によってつくられます。思考習慣よりも自覚がない心の深層レベルに眠るプログラムです。

「自分はやればできる！」と信じている人は、実際に行動して結果がついてきて、その考えを強化していくループに入ります。逆に「自分にはできない」と信じていると行動しないため、結果が出ず、ますます「私はできない」というビリーフを強化します。

深層構造の氷山モデル

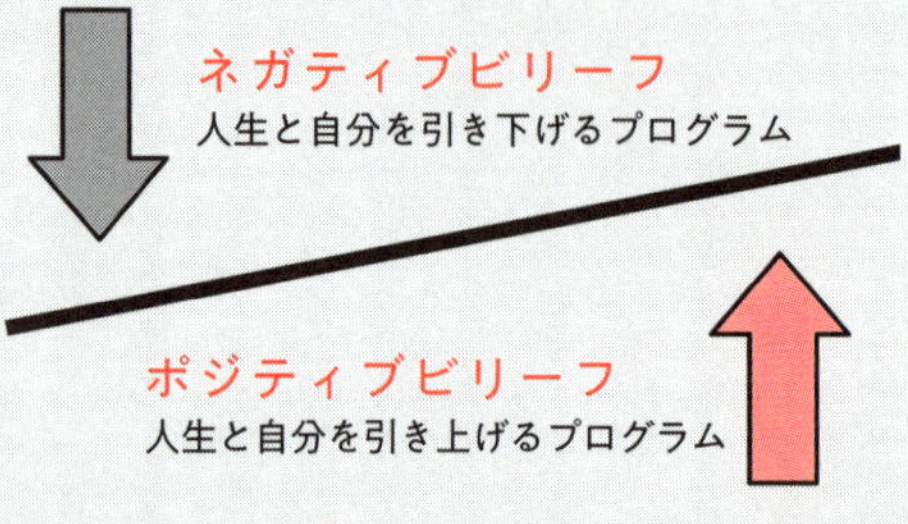

ネガティブビリーフは、自分が困難にぶつかったときに、気持ちを落ち込ませ、目標をあきらめさせます。

「私は愛されない」「私は劣っている」「完璧にやらなければ意味がない」「人から嫌われてはいけない」「他人を信用してはいけない」「失敗をしてはいけない」などです。行動にブレーキをかけたり、やりたいことがあっても一歩踏み出せなかったりすることの裏にもネガティブビリーフが眠っています。

一方、ポジティブビリーフは、自分の望ましい未来や目標を手にするために、モチベーションを与え、行動することを強力に後押ししてくれるものです。

たとえば、「私はやればできる」「私は運がいい」「行動すれば、必ず道は開ける」「世の中はがんばる人を応援してくれる」などがあると行動して、その結果、成果や幸運を招くスパイラルに入ります。

世界や出来事を、ポジティブビリーフを通して見るのか、ネガティブビリーフを通して見るのかで、私たちの感情は大きく変わります。

次のSWITCH49〜54で、マイナス感情を生み出すビリーフとその解消法、プラスの感情を生み出すビリーフの見つけ方をお伝えしていきます。

ビリーフが感情に影響し、思考・行動パターンを生み出していくメカニズムを探求しながら読み進めてみてください。

SWITCH 49

あるがままの自分を受け入れる

受け入れましょう

人に会わずにずっと本を書きつづけられるという強みに！

私はずっと外向的な人へ憧れを持っていました。

子どものころは、家にこもってひとりでパズルやプラモデルをつくるのが好きで、親からは「もっと外に出て遊びなさい」と言われ、日が落ちるまでサッカーをして遊ぶ同級生たちに少なからず劣等感を覚えていました。

大人になってからも、サーフィンやアウトドアに出かける人、パーティーでうまく立ち回れる人を見るにつけ、自分も真似しようとするのですが、どうしても

「差」ではなく「違い」。否定していた自分を、1つずつ

内向的で集団の中にいることが苦手な自分が……

疲れてしまって続きません。

内向的な私は講師をするときにも、自分にスイッチを入れなければいけないタイプです。同じく研修の講師をしている友人は、外向性100％のような人で、24時間人と一緒にいても疲れないと言います。オープンに人とかかわれる彼をどこかで羨ましいと思っていました。そんな彼に、私がはじめて本を出版したときにこう言われたのです。

「よくこれだけの分量を黙々と書き続けられるね。俺は人と会わずに1週間執筆して過ごしたら気が狂うと思う」

私は、彼のこの言葉をきっかけに、内向性というのは1つの強みであることを実感したのです。たしかに執筆は何週間

あなたへの質問

Q

否定的に捉えてしまう自分の性質はなんですか？その性質を、優しく受容していきませんか？

も誰とも会わずに黙々と思考を巡らせ、言語化していく孤独な作業の積み重ねです。しかし、それは、私にとっては苦痛になるどころか楽しい時間です。

おかげで私は、内向性と外向性は差ではなく、ただの違いであると思えるようになり、自分の中にある内向性を愛することができるようになったわけです。こうやって自分の資質を否定せずに受容できれば、自己肯定感は高く安定します。同じように飽きっぽかったり、せっかちだったりする側面も受け入れるごとに、多面的に自分を捉えられるようになり、人からの目や失敗で自分が揺れ動くことが圧倒的に少なくなりました。

それは一時的な成功体験で自己肯定感を高めるのとは次元が違う話です。ある

感情の習慣

飽きっぽさは
好奇心旺盛の
裏返しでもある

A

繊細なのは
相手の気持ちを
敏感に察知できる
大切なセンサー

がままの自分を受け入れると、自己評価が安定します。

あるがままの自分を受け入れることは、**人と比較して「差」だと思っていることを「違い」だと受容していく、自分に優しくなっていくプロセスであり習慣**です。

オスカー・ワイルドの言葉に、「自分を愛すること。それは一生続くロマンスである」がありますが、あるがままの自分を受け入れるのは、まさに一時的なことではなく、一生続くプロセスなのです。

まったく違うタイプの人と比較して、本来の自分らしさから外れたものになろうと努力するのは不幸なことです。

自分の資質を受け入れ、そんなあなたを受け入れてくれる人たちと共に歩めば自分らしい人生を生きることができます。

無条件に愛されている
ことを思い出す

こともあります

無条件に愛されている

メーカーに勤務するB子さんは、朝4時に起床し、子どものご飯をつくり、仕事で使う英語の勉強をして始業1時間前には出社し、仕事をスタートしています。

子どもが小さいため時短勤務ですが、仕事をメンバー任せにするのは心配だからと、自分で抱え込む傾向がありいつも大量の残務に悩まされています。

未完了タスクを抱えながらも仕事を切り上げ、子どもを迎えに行き、夕食をつくってお風呂に入れて寝かしつけます。

生きづらさの背景には ビリーフが"呪縛"になっている

がんばらないと愛されないと思い込む

さらに夜遅く帰ってくる旦那さんの晩酌のつまみをつくることにも余念がありません。

朝から晩まで怒涛のような日々を送っています。

ハードな仕事、勉強、育児、主婦業のすべてをがんばり続ける彼女は、無理がたたって年に4、5回体調を大きく崩してしまいます。

「力の抜きどころも重要ですよ」と言っても、「そんないい加減なことはできないので」ととにかく完璧主義なのです。

その根源的な行動、**思考習慣のルーツにあるものは、ビリーフ**です。

思い出しましょう

B子さんは幼少期、仕事が忙しくて家族の面倒を見ない父に苦労させられた母を見て、お母さんの助けになりたい、喜ばせたいと家事を手伝ったり、宿題をがんばっていました。

そして、「あなたはがんばり屋さんだね！　お母さんは誇らしいよ」と褒めてくれた経験から「がんばればお母さんが喜んでくれる」「がんばればいっぱい愛してもらえる」というビリーフを持つようになったのです。

そのため、B子さんの中には、大人になっても**「がんばってお母さんに愛されたい」と願う内なる子どもがいて、手を抜くことを恐れる**のです。

孤独を感じたら、無条件に愛してくれている人を

私たちは誰かから愛されることを望みます。愛を実感していないと生きていけないからです。だから幼少期には「愛されるためにこうしたらいい」という、いくつものビリーフをつくります。その愛される条件づけは、がんばれば、親切にすれば、みんなと仲良くすれば、いい子にしていれば、などさまざまです。

でも、裏を返すとそれは**「その条件を満たさなければ愛されない」**というビリーフになってしまうのです。そのため、「愛されるためにつねにがんばっていないといけない」というビリーフをB子さんは持っているわけですが、それが原因でずっと気を張ったままになっていました。

あなたへの質問

Q

どんな自分でも そのまま愛してくれる人は 誰ですか？

彼女はこのことをお母さんに伝えると、「そうだっけ？」と大笑いされて、驚いたそうです。

そのとき、「そうか、自分はがんばっていなくても愛されていたんだ」とわかったのです。

「愛されない」という恐怖が根底にあるなら、「すでに愛されている」ことに気づけばいいのです。

私たちは愛されているという実感や安心感が欲しいのです。

あるがままの自分を受け入れてくれる人は誰ですか？

祖父母を思い浮かべる人は多いですし、両親や学生時代の友人かもしれません。

子どもの頃に大きな愛情を与えてくれた祖母を思い出すと温かい気持ちになる

A

学生時代の友人と飲むと、途絶えないつながりを感じる

社会的地位や実績などで評価されて愛されていると感じてしまっているなら、そんなものがなかった頃の自分を思い出せば、地位も名誉も愛されるための絶対条件ではないことがわかるはずです。

ちなみに、それらのビリーフから解放されたらがんばらなくなるわけではなく、次のパートでお話しする本質から湧き上がるモチベーションから行動できるようになります。

SWITCH 51

他人からの評価に振り回されない

がブレにくくなります

「自分に価値があると感じたい！」

前項の「私は愛されている」と同様に、「私には価値がある」は本能で求める感情であり、人はこの気持ちが揺らぐのを避けたいものです。

では、なにをすれば自分に価値があると感じられるでしょうか？

「いい大学や会社に入ったら」「仕事で結果を出したら」「出世したら」「年収が上がったら」「お客さんに褒められたら」

他人からの評価ではなく
自分のポリシーに従うと気持ち

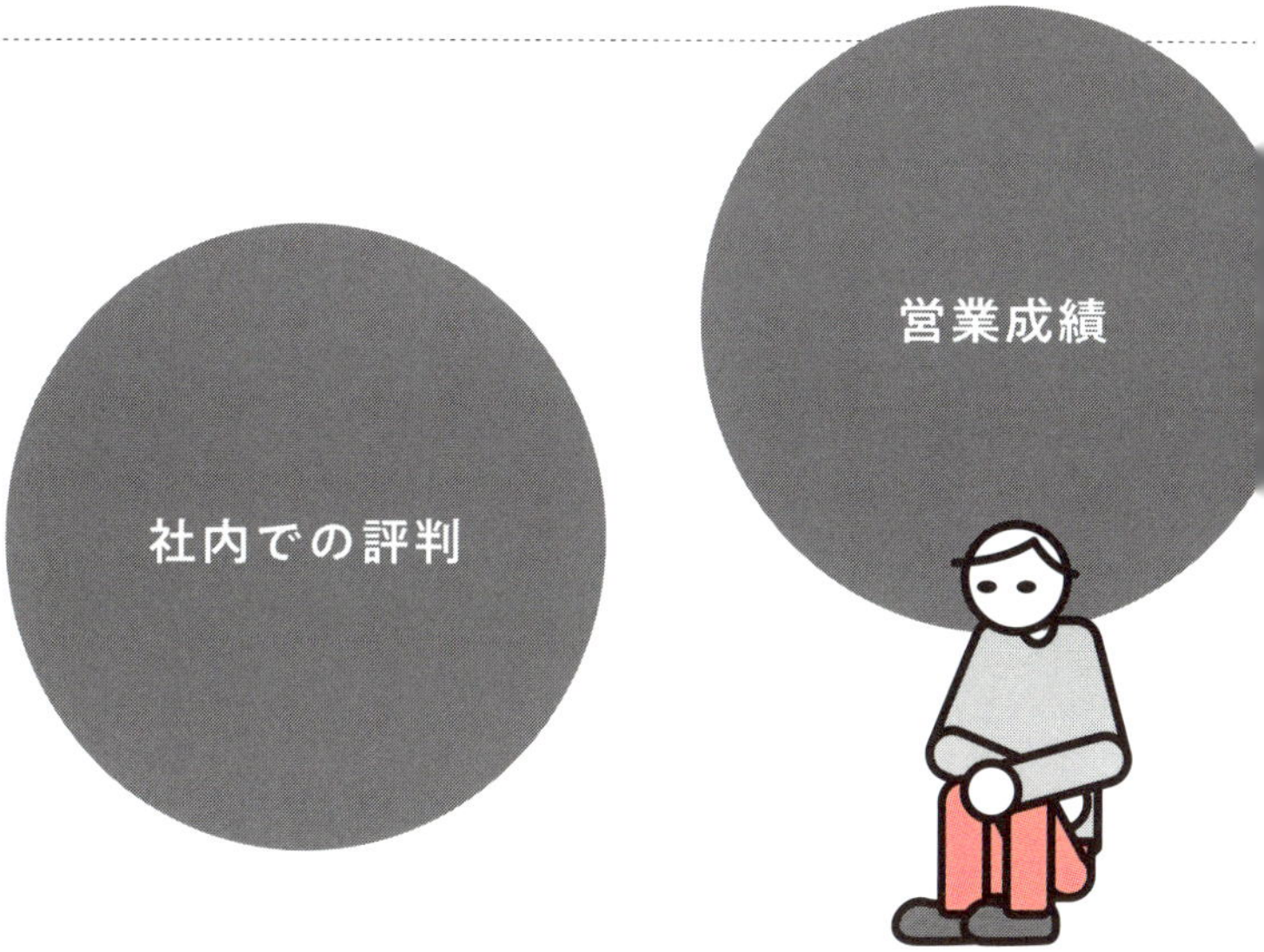

……これらによってもちろん自分に価値があると感じられます。

しかし、自己肯定感が結果や人からの評価に100%左右されるのは好ましくありません。

もちろん、自己への評価が他人からの評価にまったく左右されない人はいないでしょうが、他人からの評価に自己肯定感の基礎を置くとやっぱりしんどいのです。

なぜならば、結果や他人の評価はときとして不安定さを孕むからです。

そして、**結果や他者評価で自分の価値を決めると、それがなくなったとたんに自己肯定感は急降下**します。

私の例でいえば、営業マン時代は売上競争で何位になるか、独立したての研修講師になってからは顧客アンケートの点数で自分の価値が揺れ動いていました。

しかし、営業成績は、会社からの担当顧客の割り当てによって大きく左右されます。それは、**会社の意思決定1つで自分の評価も変わってしまう**ということです。

研修では、受講生の変容に本気でコミットするために、アンケート評価が悪くなっても相手のためを想って耳に痛いことも言わなければなりません。会社の改善のためにあまり好かれないテーマの教育をやらなければならないときもあります。

ポリシーや使命に従うと自己肯定感は上がります

- 自分の成長目標
- ポリシー
- 使命
- 価値観

しかし自己評価をアンケート評価に連動してしまうと、必要で本質的なことができなくなります。

では、他人からの評価に振り回されず、自分の価値に気づくためにはどうすればいいのでしょうか？

1つ目は、**自分の存在自体に価値があると気づくこと**です。

作家のジョン・キムさんは、「今日まで生きてきた。その1点だけであなたは賞賛されるに値する」と言っていますが、価値を認めるということは、妥協することでもなくかけがえのない自分を受容することです。

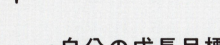

Q

他人からの評価に振り回されないために、なにができますか？

「仕事で評価されなければ、私に価値がないのか？」などと自分に問いかけてみるのです。

自分の価値は、すでにあるものであり、時折変わる成果や他人の評価で揺れ動くものではないからです。

2つ目は、**自己肯定感の基礎を他人や結果など時々で変動しやすいものではなく、自分の行動目標や価値観、ポリシー、使命、など——自分軸でコントロールできることに置くこと**です。

しっかりと、自分でやることをやっているという自信が自分で自分の価値を認めてあげる評価軸になるのです。

自分なりの
生き方の美学や
仕事のポリシーを
書き出してみる

A

会社に与えられた
目標以外に、
成長や行動の目標
をつくる

いちばんつらいのは、自分で怠けていて、後ろめたさを感じているところに、それを他人から指摘されることです。自己肯定感がガクンと下がります。

他人の評価を気にしすぎると、たったひとりに嫌われても自己評価は大きく下がります。そんなとき、自分で価値を認めること、自分の評価軸に集中することが大切です。

SWITCH 52

ダメなときがあっていいと受け入れる

不安になる気持ちを、

「なにも咲かない寒い日は下へ下へと根を伸ばせ、やがて大きな花が咲く」

これは、シドニーオリンピックのマラソンの金メダリスト高橋尚子さんの座右の銘だそうです。

新しいことへの挑戦は、がんばっても結果がでないときはあります。そんなとき**「一時的に結果が出ない時期、評価されないダメなときもある」**と受け入れられると楽になり、挑戦を続けることができます。

ずっと上り坂を登っていないと手放しましょう

２０１６年、私の会社の売上は絶好調を迎えていました。しかし同時に、あまりにも忙しくなったために１つ１つの仕事を楽しむ余裕を失い、心の豊かさが下がっているのを感じていました。

「成長している」「売上が上がっている」「認められている」という感覚は快感ですが、それが「もっと、もっと」となり加速していくと逆に自分の首を絞めていくことになります。

「過去最高益」とは聞こえが良くても、それは、ずっと成長し続けていなければならないというビジネスゲームです。実際、そのゲームにハマって、今さら途中でやめられないと苦しんでいる経営者も多いのです。

Q

ダメなときがあってもいい！と受け入れたら、なにができそうですか？

私は、ビジネスゲームから抜けることを決意しました。「単年度では売上を下げて、赤字になってもいい！」と覚悟し、「売上を下げてでも、働く豊かさを上げる」と決めたのです。将来へのビジョンに合わない仕事の依頼を断り、自分がやらなくてもいい仕事をやめることで、40％の仕事をカットしスケジュールに多くの余白をつくりました。

その分、学びに投資したり、すぐにお金にならなくても価値の高い企画に集中するようにしました。正直、仕事を断ることは、将来的な取引機会を失うという恐怖、お金の不安を生みます。

そんな感情が湧いてくるたびに、自らに言い聞かせたことは、**「一時的に下がるとき、ダメなときがあってもいい」**

将来、経営者になるために厳しいプロジェクトに手をあげる

A

自分を修養するために、古典を読んでマインドを改革する

「手放すことで結果的に増える」という言葉でした。実際、手放す怖さを乗り越えていくことで、私は精神的な成長を果たせたのです。また、「手放すことで新しいものが入ってくる」の法則どおり、自分のビジョンを実現する仕事が入ってくるようになりました。

つねに上り坂を登っていないと不安になる気持ちが、あなたを苦しめるならば、努力にフォーカスして、結果が出ない時期、評価されないときもあると自分を励ましてみてはいかがでしょうか？

ただし、これがたんに惰性に流され、妥協して自分を甘やかすことではなく、陽の目を見ない辛い時期に淡々と行動を積み上げるためのビリーフであることを強調しておきます。

SWITCH 53

過去の成功体験からパワフルな信念をつくる

つけて、

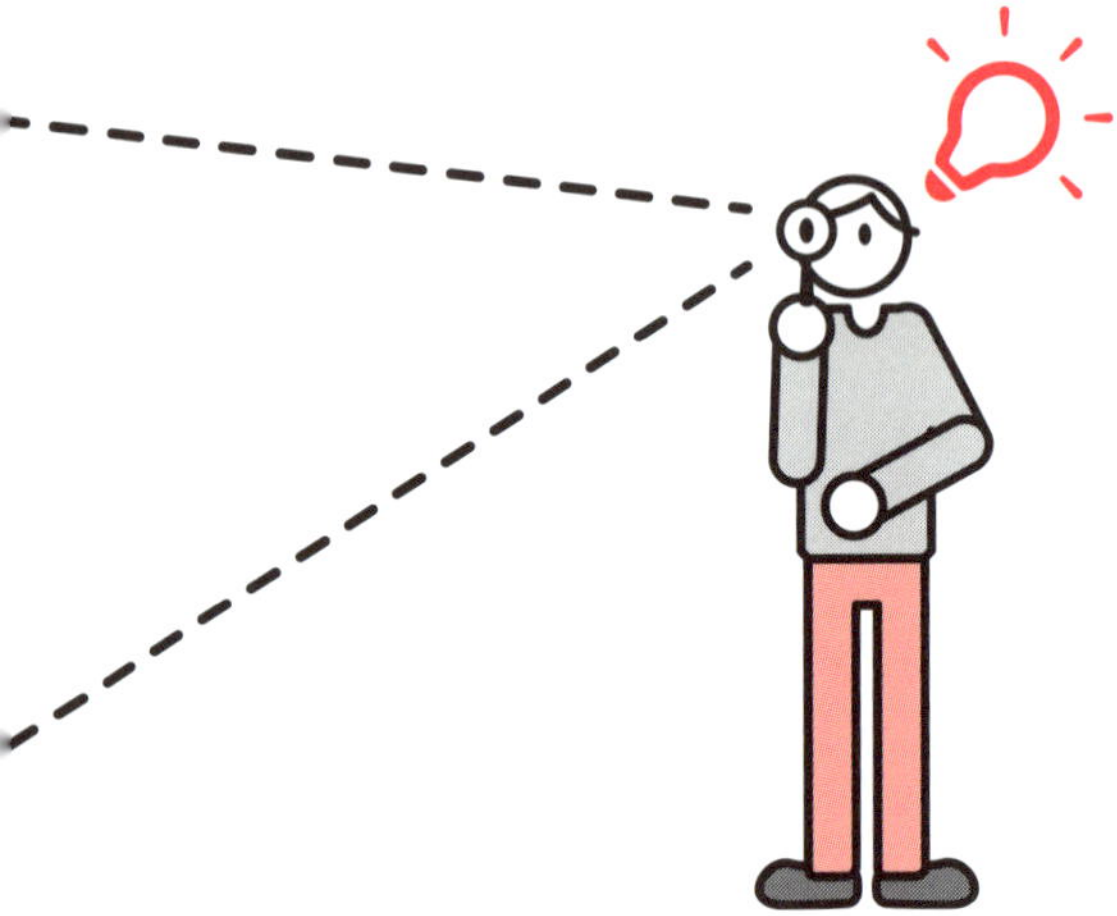

ビリーフはネガティブなものだけではなく、**ポジティブなビリーフ**もあります。自分の感情を引き上げるポジティブビリーフを作動させれば、プラスの感情を爆発させ行動できるようになります。

たとえば、〈SWITCH29：結果は、行動量と確率で考える〉でお話ししたとおり人生の成功は確率論だと私は考えています。

つまり、私には「行動すれば確実に道はひらける」というビリーフがあり、そ

自分が信じられる成功法則を見
ビリーフにしましょう

STEP 1. 成功体験を探る

例：営業職の時代、既存顧客に尽くすことで、多くの担当者から仕事を紹介いただき、10年間、安定した結果を出し続けられた。

↓

STEP 2. 直接の教訓を探る

例：目の前のお客様に全力でサービスすれば、結果仕事は生まれる。

↓

STEP 3. 人生の智慧に昇華させる

例：人生は、目の前のことに全力を尽くすことで次の展開が広がっていく

れに従って行動したことで結果が出た経験があります。

これらの経験がさらにこのビリーフを強化してパワフルな感情をつくってくれます。

行動量を増やせば一定の確率で成果が出ると信じている私にとって行動することは苦になりません。犬も歩けば棒に当たる、下手な鉄砲でも数打ちゃ当たる、迷うならば即行動あるのみ。

これが私のビリーフであり、勝ちパターン、ポジティブスパイラルをつくる源です。

しかし、当然ポジティブビリーフはその人の過去の経験によって異なります。

Q あなたが信じられる成功法則や勝ちパターンはなんでしょうか?

たとえば、「人との出会いから人生が変わる!」「人とのご縁から仕事は生まれる!」と思っている人はその変曲点を「行動」ではなく、「人」に持ってくるでしょう。

優れた戦略から結果は生まれると信じている人は、「戦略」を立てることに意欲的になれます。

成功体験を通じてそれがその人の勝ちパターンとなります。これこそ、ポジティブなビリーフです。

あなたが**過去の経験から「これだ!」と信じられる勝ちパターン**はなんでしょうか?

A

諦めなければ
道は拓ける

目の前のことに
一生懸命に
なることで、
幸運は訪れる

些細な善でも
お天道様は
見てくれている

それを成功体験から探り、自分の理想実現や問題解決にうまく活用していきましょう。

277ページの3ステップで、具体的な体験を抽象化していくと、自分のパワフルなビリーフを言語化できます。このビリーフを発動すると、感情は高まり、積極的になれます。

この例ならば、今やっていること、周りの人に全力投球するようがんばれるでしょう。

そして抽象化したビリーフを自分の目標達成や問題解決に適用すると自分がうまく乗っていける解決策が見えてきます。

座右の銘をつくり自分の心に刷り込む

ましょう

ポジティブなビリーフをつくるには、偉人の名言を繰り返し自分のケースに落とし込み、ビリーフにまで昇華させることもおススメです。これらの言葉を思い出せば、ポジティブな感情が湧き上がり、もうひと踏ん張りできたり、勇気が湧いてきたりします。参考例として私の例をご紹介します。

「失敗はない、ただフィードバックがあるだけ」——NLP

新規事業は失敗がつきものです。試行

偉人の名言を座右の銘として、自分の信念になるまで刷り込み

錯誤と言葉でいうのはカンタンですが、赤字続きだとかなり辛いもの。そんなとき、この言葉を思い出し、自分に言い聞かせます。失敗と捉えると希望が見えませんが、フィードバックだと捉えれば「良いも悪いもない、ただ実現に向けて次に生かすヒントが表れただけ」と考えられ客観的になれます。

「あなたがどう生きたいかは、すでに心と直感が知っている」――スティーブ・ジョブズ

充実した働き方をしていても、どう生きたいか、どんな事業をつくり、どういう貢献をしたいかは、無数に選択の余地があり迷うこともあります。つい外に答えを求めがちになりますが、この言葉を

Q　あなたの心の対話をポジティブに変えてくれる名言はなんですか？

思い出すと、自分の内面との対話が足りていないことを再認識するのです。

「人生は重荷を負うて遠き道を行くが如し、急ぐべからず」――徳川家康

1年、3年、5年でどうなりたいか？　それだけを見ていると近視眼的になります。目先の利益や結果に目が奪われがちなとき、この言葉を思い出します。人生100年時代。10年、30年、50年後どうありたいか、目線を上げて自分に問いかけます。

「生まれたときより、より良い世界にしてこの世を去る」――フランクリン・コヴィー

なんのために働くのか？　何万人に影

念ずれば
花開く

A

故人が遺したもの
ではなく、
目指したものを
求めよ

響を与えればいいのか？　本を何冊出せばいいのか？　人生で成し遂げたいことや自分の存在意義を、数値的な目標にその答えを求めると納得感が得られません。そんな自分の視点を変えてくれるのがこの言葉です。私は、ひとりでも多くの人が自分らしい人生を送れるよう応援したい。それは今日1日の仕事で、毎瞬毎瞬生み出せる貢献です。そんな貢献軸に目を向けさせてくれる言葉です。

私は、いい言葉はすべて筆耕さんに書いてもらってオフィスに貼り、自分に刷り込ませています。心に響く名言と現実をつなげて自己対話を繰り返すことで、自らのポジティブビリーフへと昇華させることができます。

自分の本質とはなにか？

「やりたいことはなんだろうか？」「自分らしさや強みはなんだろうか？」「人生をどう生きたいのか？」「自分にとっての幸せとはなんだろうか？」

こんな迷いを持たれたことはないでしょうか？　感情を強烈に揺さぶるのは、その人が持つ性格資質・欲求という本質です。日々の行動も思考もこの本質から影響を受けます。「好きこそものの上手なれ」と言いますが、継続は本質から生まれる感情で決まります。

やりたいことを見つけるためには、**心の羅針盤に従って自分の乗る方向に向かえるか**が鍵となります。少し長くなりますが、わかりやすい実例をご紹介します。

クライアントのGさんは、小学校の担任の先生をしています。当時、職場と自宅の往復の生活に閉塞感を感じ、「仕事にやりがいを感じない。なんとか今の状態から抜け出したい」と私の個人コンサルティングを受けに来られました。

そこでまず、過去の体験を振り返り、自分欲求（次頁リスト）を探求してもらいました。

1番目に見つかったのが、「表現する」という欲求でした。「どんな活動で表現したいですか？」と聞くと、「ジャズを歌いたい」と言います。そこですぐにその場でネット検索したところ、自宅から徒歩5分のところにジャズサークルがあったのです。ジャズサークルに入り、バンドを組むことになり、アマチュアながらライブを行うなどジャズの活動にのめり込んでいきました。

しかし、相変わらず小学校の担任の先生の仕事は辛いままでした。学校をやめてジャズに専念しようかとも考えましたが、親からの反対もあり、うまく次の道を見つけられませんでした。そんなとき、バンド活動をきっかけに人生のメンターとなる音楽関係者に出会い、「学校の先生は続けたほうがいい、音楽の専門の先生になったらいいのではないか」というヒントをもらいます。

そのアドバイスが腑に落ちたGさんは、意を決して音楽の先生になりました。そして実際に生徒を指導すると「歌を通じて自分の殻を破る生徒」が出てきます。これこそ、自分がやりたいことだと強く感じました。自分も歌を通じて人を元気づける、生徒にも歌を通じて自分を変えられるという自信をつけてもらう。自分のワクワクと他人への貢献がつながったときに、「歌を通じて表現することで多くの人に良い影響を与える」というミッションが見つかります。

今では海外でのライブを行いながら、音楽の先生として生徒を指導することにも強烈なやりがいと使命感を感じています。こうしてワクワクすることに満たされたGさんはとても生き生きとして、周りから感謝される存在になっていきました。

私たちには人それぞれ持って生まれた固有の欲求・資質・使命があります。ここでは、これらを総称して「本質」と呼びます。本質は「三つ子の魂百まで」といわれるように、変わらないものがほとんどです。むしろ、自分の本質は無理に変えようとするのではなく、それを受け入れ、活かそうとすることが重要です。なぜなら、**自分の本質に合ったことをやっていると、爆発的なパワーを発揮し、生き生きとした人生を手にすることができる**からです。逆に本質に合わないことをやるというのは、亀がうさぎのスピードに追いつこうと努力するようなもので徒労に終わります。

ポジティブ心理学の権威である、ショーン・エイカー氏は、『幸福優位7つの法則』（徳間書店、2011年）の中で次のように述べています。

「成功を追い求めることが幸せにつながると一般に思われているが、実際に研究結果が示すのは、その逆の因果関係である。幸福を追求することによって、成功する可能性が高まるのである」

エイカーのこの言葉の「幸福」を「好き・熱中できること」に置き換えて、「好き・熱中できることを追求することによって、成功する可能性が高まるのである」とすれば、スッキリ納得できます。

私のクライアントを見ていても、**長く成功し続けている人は、間違いなくその人の本質（感情・魂・使命）が求めることをやっている**と断言できます。

さて、本章で扱う「本質」ほど、難解で定義が難しいものはありません。未知の領域を残しながら語ることをお許しいただければと思います。ただ、それでもあえて「本質」と名づけて書く意味があります。私たちは自らに眠る偉大なる資質や強みを見ずに、外にある正解ばかりに目を奪われます。自分の本質に合わない方向に向かって努力し、うまくいかずに自己嫌悪に陥ります。

熱狂や没頭を生み出す深い欲求や自分が突き動かされる使命を見つければ、とてつもないモチベーションが湧いてきます。それは、疲れ知らずの汲めどつきぬモチベーションです。この源泉は、人それぞれまったく異なる固有のものです。

自分の本質を理解すれば、「自分らしさとはなにか？　自分の幸福のツボはどこにあるのか」がわかります。それを紐解くために、エニアグラムと自分欲求、他人欲求、そして自己超越欲求という領域までは話を広げていきたいと思います。

この本質を追求することで、Gさんのように天職へと到達できる羅針盤を内側に取り戻すことができます。海は、その海面と深海では様子が違うのと同様、心の感情も表層と深層ではまったく異なる様相を呈しています。本という性質上、部分的に解説していきますが、なるべくこれらを多面的、多層的に理解していただければと思います。

そして、自分らしい人生、生き方、働き方、そして習慣化の方法を探求するヒントにしていただければ幸いです。

SWITCH 55

「やるべき」と「やりたい」を区別する

しましょう

ある化学メーカーで営業をする男性から、「このまま今の仕事を続けていったほうがいいのか迷っている」という相談を受けました。

そこで私が「今の仕事を続けていくべきだと思っていますか？」と聞くと苦しみながら「ＹＥＳ」と答えました。お金の問題、家族の反対、いまの課長としての責任などから続けていくべき理由はたくさん出てきます。

そこで次に私は「今の仕事を続けていたいですか？」と聞きました。「〜した

自分の本音がわからないときは「頭」と「心」に別々の問いかけを

い」という言葉を使うと、**必ず本音・魂レベルの声**が返ってきます。そして、答えはNOでした。問題がなければ、「今の仕事をやめたいです」と言います。

「では、今の仕事をやめて、なにがしたいのですか?」と聞くと、「カウンセラーになりたい」と言います。きっかけは、不登校やいじめの問題を見るにつけ、そうした問題を心の深い部分から解決するカウンセリングに興味を抱くようになったそうです。

「どうすればいいかわからない」となるとき、**頭(理性)を優先して、心の本音を受け取れていない**ものです。

しかし、「本音では仕事をやめたいけど、現実的には続けていくべきだと思っ

あなたへの質問

Q

それはやるべきと思っていることですか？それともやりたいことですか？

ている」こと自体を認識すると次のステップが見えてきます。

この方は、次のように決めました。

「今の会社をやめてカウンセラーになる。ただ、わが子が大学を卒業するまでの7年間は今の仕事を続けて安定収入を得ていく」

そうはっきりと決めたとき、今から7年後までにカウンセラーになるためになにを勉強しようか、どんな活動をしようかと考えていきました。すると、今から学ぶべきことに目を向けて、限定的でも週末にカウンセリング活動ができる余地があると気づけたのです。

私はただ「やるべき」と「やりたい」を区別して質問しただけです。それをき

運動をやるべきだと思っているけど心底やりたいとは思っていない

A

会社の飲み会に行くべきだと思っているけど行きたくはない

っかけにご本人が深く感じ分けていくと、悩んでいたことが氷解して次の問いに進展していくのです。

ジョブズが言うように、**あなたの心や直感は、自分が本当はなにをしたいのかもう知っています**。

「それはやりたいこと？　やるべきこと？」「それって自分の気持ちが乗る？乗らない？」と心に聞けば、その答えが湧き上がってきます。

この方がカウンセリングの話をしているときは、あからさまに表情も声のトーンもエネルギーも高くなっています。

「やるべき」と「やりたい」という言葉を用いて感じ分けてみてください。

自分の性格タイプを知る

私が習慣化のコンサルティングをするときは、クライアントの本質を見極めて、その本質を上手に活用することを大切にしています。たとえば、達成感がエネルギーになる人と、義理人情がエネルギーになる人では、習慣化の方法も大きく変わるからです。

そのため、まずは本質を知る手がかりとしてエニアグラムを使います。

エニアグラムはあくまで人間の代表的な9つの性格タイプを分けたものですが、その内容は深く、実用的でわかりやすい

を知りましょう

エニアグラムで分かる9つの性格

（ティム・マクリーン、高岡よし子、マガジンハウス）

タイプ7:熱中する人

明るく、フレンドリーです。冒険や楽しいこと、ワクワクすることに熱中します。アイディアにあふれ、考えたらすぐ動きます。ものごとに楽観的で、自由を好み、適応力があります。多才な反面、腰を落ちつけて集中しにくい傾向があります。

タイプ8:挑戦する人

パワフルで腹がすわっています。自信があり、存在感があります。意志が強く、はっきりものを言います。情に厚く、親しい人たちに対して面倒見がいい人です。周囲をコントロールする傾向があります。弱いことが嫌いで、タフにふるまいます。

タイプ9:平和を好む人

穏やかでのんびりしています。居心地よくいられることが大事で、周りの人たちと の調和をはかります。人生は何とかなると考え、ものごとを実際よりもよいものとして見がちな傾向があります。自分にとって慣れ親しんだやり方やペースを守ろうとします。

エニアグラムを使って、自分の深部の「感情メカニズム」

タイプ1:完璧を求める人

責任感が強く、きちんとしていて、真面目です。高い理想や基準を自分の中に持っていて、「～であるべき」と考えます。ものごとを正し、現実を理想に少しでも近づけるためにハードに働きます。理性的で現実的です。正義感があり、公平です。

タイプ2 :助ける人

フレンドリーで親切です。人生でとくに大事なものは人間関係やつながり、思いやりです。自分のことよりも相手に意識が行きがちで、必要とするものを察して提供し、励まします。喜んでもらえることが自分の喜びとなります。

タイプ3:達成する人

自信があり、合理的な考え方をします。向上心が強く、「やればできる」という態度を持っています。目標を目指してハードに働き、人にいい印象を与え、高く評価されることを望みます。クールな反面、傷つきやすく繊細なところもあります。

タイプ4:個性を求める人

繊細で感性が鋭い人です。美しく、深いものを求めます。自分は他の人とは違い、特別であるという意識があります。人から距離を置き、近寄りがたい雰囲気がありますが、目立ちます。自分の内面でストーリーやドラマをつくりだす傾向があります。

タイプ5:観察する人

典型的な思考タイプで、理性的です。集中的に知識や技術を習得し、詳しい分野をもっています。ものごとの渦中に入っていくよりも、一歩引いて観察眼を発揮し、分析します。斬新な発想の持ち主で、自分自身で考え、結論を出すことを好みます。

タイプ6:信頼を求める人

真面目で、安定志向。問題となり得ることに敏感です。信頼でき、頼りになる人や考え方、方法、組織などを求めます。そして信じようとする気持ちと、疑う気持ちの間を揺れ動きます。自分に対する周りのさまざまな期待に応えようとします。

ものです。自分の性格タイプを知れば、自分の感情メカニズムをつかみやすくなります。

あなたは次の9つのうち、どの欲求を強く持っているでしょうか？

これらは、各タイプの根源的欲求を明確にしたものです。

1 完璧を追求したい
2 人とつながりを感じたい
3 目標を達成したい
4 オリジナリティを発揮したい
5 納得いくまで深く考えたい
6 安全・安心を感じていたい
7 常に楽しくありたい
8 自分に強さを感じたい
9 マイペースでいたい

Q あなたには、どのタイプの行動、思考、感情パターンが現れますか？

ここで大切にしたいことは、人間の本質を9つに限定して定義することではありませんし、それでは視野が狭まりますし、本来のエニアグラムの良さもなくなってしまいます。そうではなく、**心という広大で深淵なる世界を理解する1つの観察の視点として活用する限りにおいて自分の本質を知る最高の手がかり**になります。

よって、ここでは診断テストをしません。拙速に正解を探すことではなく、自分の中に作動する感情や欲求のパターンを感じることを目的にしたいからです。正解らしきものを求める限り、混乱します。

感じていけば自分を突き動かすパターン、メカニズムを内側に感じることができます。本質は、考えてわかるものでは

人間関係が
悪くなると、
幸福度が
だだ下がりになる

目標を掲げると
いつもやる気に
火がつく

A

なく、感じることで自らの内側に確認するものです。

9つの要素はひとりの中に複数存在するのが通常です。ただ特にその中でも強く作動するものはなにか、自分の感情パターンを生み出し、行動までを左右しているものはなにかを探求していきましょう。より詳細をお知りになりたい方は『エニアグラムで分かる 9つの性格』(ティム・マクリーン、高岡よし子、マガジンハウス)の書をご覧ください。

自分の感情を揺さぶる欲求パターンを把握しておけば、自分の気持ちを乗せるやる気の上げ方もわかるようになります。

熱中できることを大切にする

しょう

昆虫が大好きで
収集してずっと観察していた

時を忘れて熱中すること、高揚感を感じて没頭する活動の根っこには**「自分欲求」**が眠っています。

好きなことがわからないという人は、自分の欲求が眠ったままになっていて、日々のやるべきことに追われた状態になっていることが多いのです。

自分欲求を探るには、小学生ごろのわくわくした体験を思い出してみてください。子ども時代に熱中したことに、自分欲求の種があります。子どものころは他人の目を気にせずに自分欲求を全面にだ

子ども時代の体験を思い出して「自分欲求」の種をみつけ出しま

**サッカーが大好きで
何時間でも練習できた**

して行動しているケースが多いからです。

成功データ研究所を経営している高田晋一さんは、古今東西の成功哲学本を１０００冊読み、書かれている教えを統計分析して頻出度の高い順に並べた本を出版しました。

別に１０００冊の成功哲学本を読んでも誰から褒められることもなく、出版の見込みがあったわけでもありません。それでも長年にわたって続けられたのは、無限にワクワクできる自分欲求に火がついたからです。そしてついには、サラリーマンだった高田さんは念願の独立・起業を果たし、成功データ研究所を立ち上げることができたのです。

つけましょう

- □教える
- □奉仕する
- □ひらめく
- □気づく
- □知らない世界に出会う
- □バランスをとる
- □育成する
- □コントロールする
- □戦略を立てる
- □表現する

さて、そんな高田さんが子どものころに熱中したことはゲーム、とくに「信長の野望」という歴史シミュレーションゲームだったそうです。各戦国武将の戦闘力などはガイドブックに載っていましたが、それでは飽き足らず、データを独自に分析してオリジナルガイドブックをつくっているときがいちばん楽しかったそうです。

もうこの時点で、高田さんが今やっていることと、子どもの頃、熱中したことの自分欲求がつながっていることがわかります。

高田さんが没頭することは、「徹底的に情報収集し、それを納得できるまで分析すること」で、自分欲求のキーワード

熱中していたことをヒントに下記のリストから自分欲求を見

自分欲求リスト

- □ 冒険する
- □ 刺激する
- □ 創造する
- □ 想像する
- □ 指導する
- □ 探求する
- □ 影響する
- □ 努力する
- □ 突き止める
- □ デザインする
- □ 整理する
- □ 収集する
- □ 貢献する
- □ 与える
- □ 世話する
- □ 安定している
- □ 観察する
- □ 説得する
- □ 勇気づける
- □ 動機づける

としては、「情報収集する」「知る」「分析する」「解明する」「わかりやすくまとめる」です。なにかが大きく評価されるまでには一定の陽の目を見ない努力が求められます。

彼の場合でいえば、膨大な書籍を読み、統計分析をするという実に普通の人が見れば途方もなく骨が折れる作業です。それを努力と思わずにむしろわくわくしてやれるのは、結果ではなく作業プロセス自体に充実を感じられるからです。

これこそが汲めど尽きぬモチベーションとなる自分欲求です。

この**自分欲求は、特別なものではなく、誰の中にもあるもの**です。

あなたへの質問

Q

あなたの熱狂、熱中、没頭をつくり出す自分欲求のキーワードはなんですか？

それは先述のエニアグラムのような汎用化、類型化されたパターンというより、心の深層部にあり、自分の深い本質に存在する人それぞれ独自で固有のものです。

あなたの中にも自分欲求がたくさん眠っていて、この欲求に火がつくと時を忘れ没頭したり、結果ではなくプロセスに高揚感が得られます。

天職ややりたいことを見つけるときには、この自分欲求を中心に据えることがキモです。なぜならば膨大な努力と思えることも楽しみとして取り組むことができるからです。

つまり、自分欲求に火がつけば、自然に熱中できて、無限のモチベーションが生まれ、行動し結果が出て周りからも認

「気づく」
「体系化する」
「わかりやすく
伝える」

A

「知らない世界に
出会う」
「オリジナリティを
発揮する」

められます。

幼少期に熱中した体験を10個思い出し、自分欲求リストのキーワードのどれと結びつくかチェックしてみましょう。

そして自分欲求から活動できることを仕事や日々の活動で発想してみてください。

本項目では紙面に限界があるので、この探求を深めたい方は、拙著『「やりたいこと」が見つかる3つの習慣』（だいわ文庫）をご覧いただくとワークの詳細が記載されています。

他人から認められたい
自分を受け入れる

ですか？

自分欲求と混同されるのが**「他人欲求」**です。

これは他人とのかかわりから得られるもので、「大切にされたい」「尊重されたい」「ほめられたい」「認められたい」「頼りにされたい」といった欲求です。

他人欲求は他人との関係（主に相手の言葉や反応）から満たされる欲求なので、「関係性欲求」とも呼んでいます。

私たちに他人欲求があるのは、人間は

人からなにを言われると嬉しい「他人欲求」を探りましょう

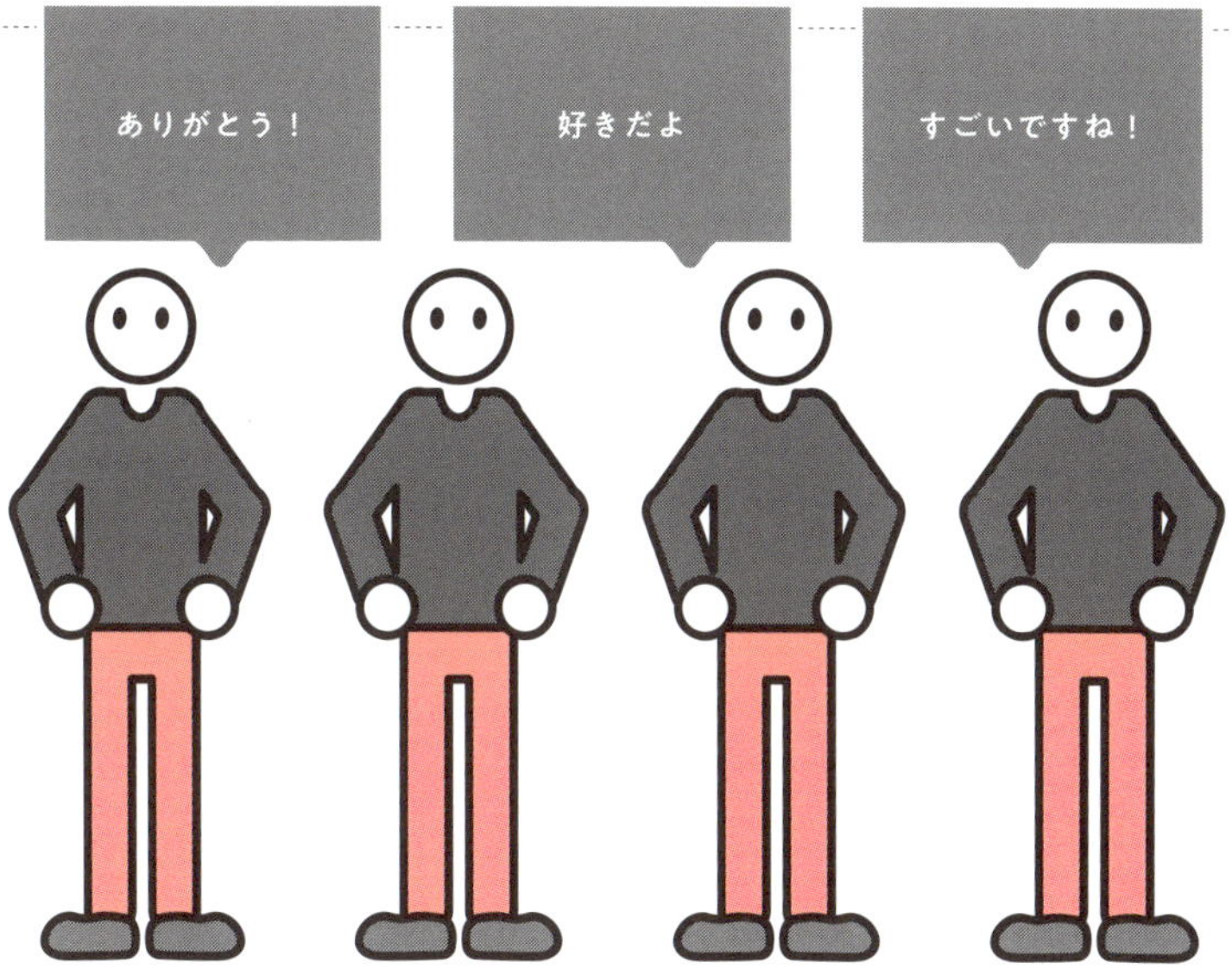

社会的な動物であることを鑑みれば自然なことといえます。人は家庭、学校、会社、地域社会など、いくつもの集団に属して生きています。他人欲求は、自分と人との関係をつなぐ引力を生み出す欲求です。

上の図の中で、どれが当てはまりますか？「認められたい」「すごいと言われたい」「大切にされたい」「必要とされたい」という他人欲求は、人それぞれ異なります。

そして、食欲や睡眠欲などの生理的欲求に似ていて、**足りないと今それを「緊急で欲しい！」**となります。そして満たされれば落ち着き、定期的に湧き上がってくるという欲求です。

見つけましょう

- □可愛がられる
- □感謝される
- □大切にされる
- □分かち合う
- □聞いてもらえる
- □世話される

しかし、他人欲求をベースに動くと、活動のプロセス自体は楽しめないということがあります。

なぜなら他人からの評価・反応が報酬であって、その活動そのものではないからです。

ただ、他人欲求は重要です。

私も講義で「勉強になりました！」と言われれば心が満たされて、やっていて良かったなという充足感を得られます。

しかし、私は**やりたいことは、自分欲求からスタートしたほうがいい**と考えています。他人欲求を軸にすると、やったのに「ありがとう！」がなかったのでがっくりと疲れたというようなことがあり

言われて嬉しいことをヒントに下記のリストから「他人欲求」を

他人欲求リスト

- □認められる
- □ほめられる
- □認知される
- □必要とされる
- □好かれる
- □特別扱いしてほしい
- □守られてている
- □愛される
- □癒される
- □守られている
- □尊敬される
- □仲間とみなされる

ます。無限のモチベーションになるのは、自分欲求のほうです。

私の執筆のモチベーションは、「インスピレーションに満ちる」「気づく」「体系化する」「言語化する」という自分欲求から生まれます。書いている最中、高揚感にあふれていきます。

でも、その本が出版されて、「わかりやすかった」「この本が人生を変えてくれた！」と言ってもらったら、大量の他人欲求が満たされます。

しかし、この自分欲求スタートの活動からつながる「ありがとう」であって、「ありがとう」スタートではないということです。

Q 人からなんと言われると嬉しくなりますか？逆にどんな欲求が枯渇しますか？

この順番が逆ではモチベーションは結果や反応が得られない時期に耐えられません。

ただし、**他人欲求は定期的に満たさないといけません**。

生理的欲求のように頻繁に枯渇し、満たすことを心は要求してきます。

あなたは人からなんといわれるとテンションがあがりますか？　「ありがとう」「すごいね」「あなたらしいね」「あなたがいてくれて良かった！」など……他人から得たい欲求を明確にしておくと、自分のなにが気持ちを揺さぶるのかがわかります。

そして、うまく職場や同僚、家庭の関係で満たしてください。

さすが●●さん！
と言われると
心が強烈に
満たされる

A

職場や家庭で
必要とされている
という感覚を
つねに得たい

SWITCH 59

使命に辿り着けば、
自分の使命を見つける

自分の使命を
果たせるよう
がんばるぞー！
自己超越欲求
MAX！

マズローの欲求5段階説は有名ですが、その上に**「自己超越欲求」**というゾーンがあることはあまり知られていません。

自己超越欲求とは、**「誰かのため、社会のために貢献したい！」**というもので、いわゆる使命（ミッション）のことです。使命といわれると、偉大な人のもののように感じるかもしれませんが、そんなことはありません。

しかし、私も独立したての13年前は、まったく使命感はなくむしろ貢献という言葉を聞くと、偽善的な匂いしか感じら

「人や社会に貢献したい」という無限のやる気が手に入ります

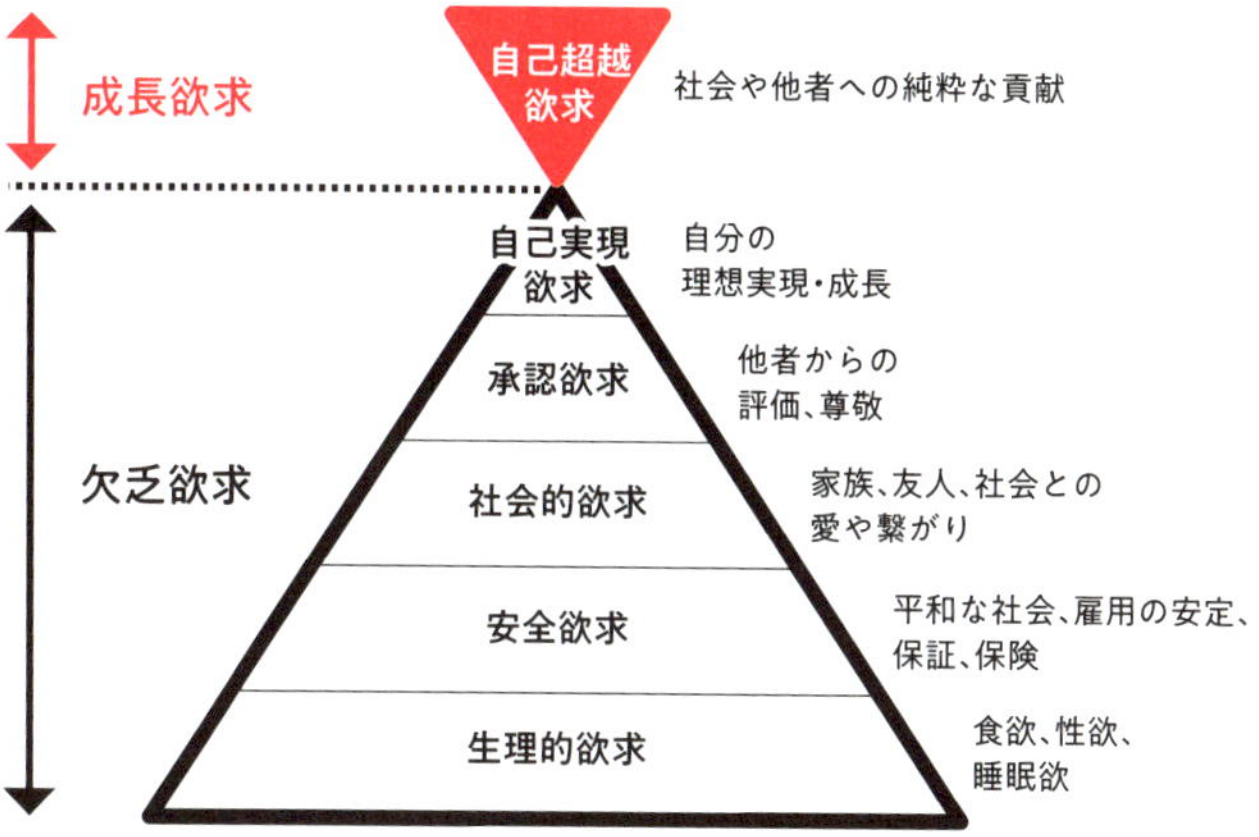

れませんでした。今から思えばそれもそのはず。当時の私は、安全欲求や社会的欲求、承認欲求が満たされておらず、心に耳を傾けても自己超越欲求の囁きさえ受け取れない状況でした。

ビジネスがうまく軌道にのり、企業で勤めているときより多くのお金をいただけるようになり、自分の自由な時間も確保できるようになって、浮かび上がってきたのが習慣化を通じて「人生が変わった！」という感動の声を共に味わうという自己超越欲求でした。

その人の野菜は味が違うと言われる伝説の野菜農家さんは、「自分は人の健康や幸せを願って野菜をつくっている」と言います。

Q あなたの使命はどこにありますか？

あるアイデア発想の講師は、「子どもたちに自分で考える力を楽しく身につけてほしい」と小学校で授業をしています。

エリート銀行員ながら、「貧しい国の人たちを援助したい」と、海外での援助活動に人生の舵を切った人もいます。

社内講師の育成をやっている私の友人は、「組織内で講師という自分なりの居場所や活躍の場所を見つけられるようにしたい」が活動の軸になっています。

活動内容自体はよくあるものでも、その根っこにある使命はオリジナルです。そして、人はその使命に共鳴します。

お金が幸福度を高めるのはある一定までで、それ以上は強いモチベーションにならないという研究結果があります。

子どもの教育を
変えたい
地元に貢献したい

女性がもっと
活躍できる社会を
つくりたい

恵まれない家庭で
育った子どもを
癒してあげたい

A

一時的には「お金をもっと稼ぎたい」がモチベーションになっていても、いずれそれが満たされてそれ以上に自分の気持ちを乗せる「欲求」が必要になってきます。「評価をされるためになにかをする」「自分の成長のためになにを実現するか」も満たされていくと、最後は自己超越欲求にたどり着くのです。

欲求には段階もありますが、**自分の人生を自己超越欲求で生きられるようになると、天井知らずのモチベーションから動ける**ことになります。そしてそれは、とてつもなく豊かな時間となります。日々の活動の中で探求してみてください。

第4章

環境の習慣

変化しない自分を成長させる

自分を乗せる環境を意識的に選ぶ

古い格言に「朱に交われば赤くなる」があります。

故事ことわざ辞典より引用すると、この意味は「人は関わる相手や環境によって、良くも悪くもなる」というものです。私は仕事柄、商社・広告代理店・メーカーなどの新入社員教育と1年後のフォローアップ教育を依頼されることが多いのですが、そこで出会う新入社員たちは、1年もするとどっぷりと社風に染まって、その会社っぽい、その職種っぽい話し方、考え方、振る舞いをするようになります。放つオーラも入社時とはずいぶんと変わっています。来る日も来る日も先輩や上司と仕事をして、飲み会で深く語り合うなかで、朱に交わり赤くなっていくのです。

人は一緒にいる人たちの行動、思考、感情の習慣に影響を受けます。そして、自分がいる環境も習慣といえます。どんな環境に身を置いているかも繰り返すパターンだからです。環境があなたの行動、思考、感情に強く影響を与えています。裏を返すと環境をどうするかで私たち、そして人生を変えることができます。

なぜ、私たちは自分を変えたいと思っているのに、変われないのでしょうか？

理由は、深層心理（無意識）にはいつもどおりを維持するという引力が働くからです。

無意識は、生存を最優先に考えるため、「安全・安心・安定」を守ろうとします。

そのためには、新しい変化に抵抗して、現状を維持しようとします。

人間の心理には、**「安全領域（現状領域）」**と**「リスク領域（変化領域）」**があると私は考えています。

安全領域とは、**無意識が望む安全・安心・安定の変化のない世界**です。

たとえば、「自分の能力の範囲で確実にできる仕事をこなす」「いつもと同じ行動パターンを繰り返す」「気心知れた仲間と過ごす」などです。

この世界はすごく快適ですが、成長できなかったり、退屈を感じたりもします。

一方のリスク領域とは、**未知の世界**です。

「まだやったことのない仕事をする」「自分の能力を最大限発揮してもうまくいくかどうかわからない挑戦をする」などです。

この領域に進むには、失敗のリスクや恐怖、不安がつきものです。居心地はすごく悪いのですが、この領域には変化と成長があります。

成長し続けるには、現状維持の引力を跳ね返し、意志と勇気を持って「変化領域」に足を踏み入れることです。

「停滞メカニズム」から「成長メカニズム」に転換するためには、いかに「変化領域」に入っていけるかが最大のカギとなります。

そこで重要なのが**環境からの刺激**です。

意識が高く目標を持って生きている人、好きなことをやって生きている人と出会うと、「今のままではいけない」「もっと満足して生きたい」と刺激がもらえます。

「自分を変えたいなら、つき合う人や環境を変えなさい」とよく耳にしますが、私も自身の実際のコンサルティング経験からうなずけることです。

私たちは周囲の人や環境から強く影響を受けて、これまでの自分がつくられてきました。

そして、自分が望む未来や成長したい方向性を同じくする人の中に入っていくことが自分を成長させたいと思ったときに、有効です。

自分が理想とする人たちが集まるグループに入ると自分のマインドがどんどん高まっていきます。

第4章では、環境の習慣として、自分を変える環境のつくり方を解説したいと思います。

現状領域と変化領域

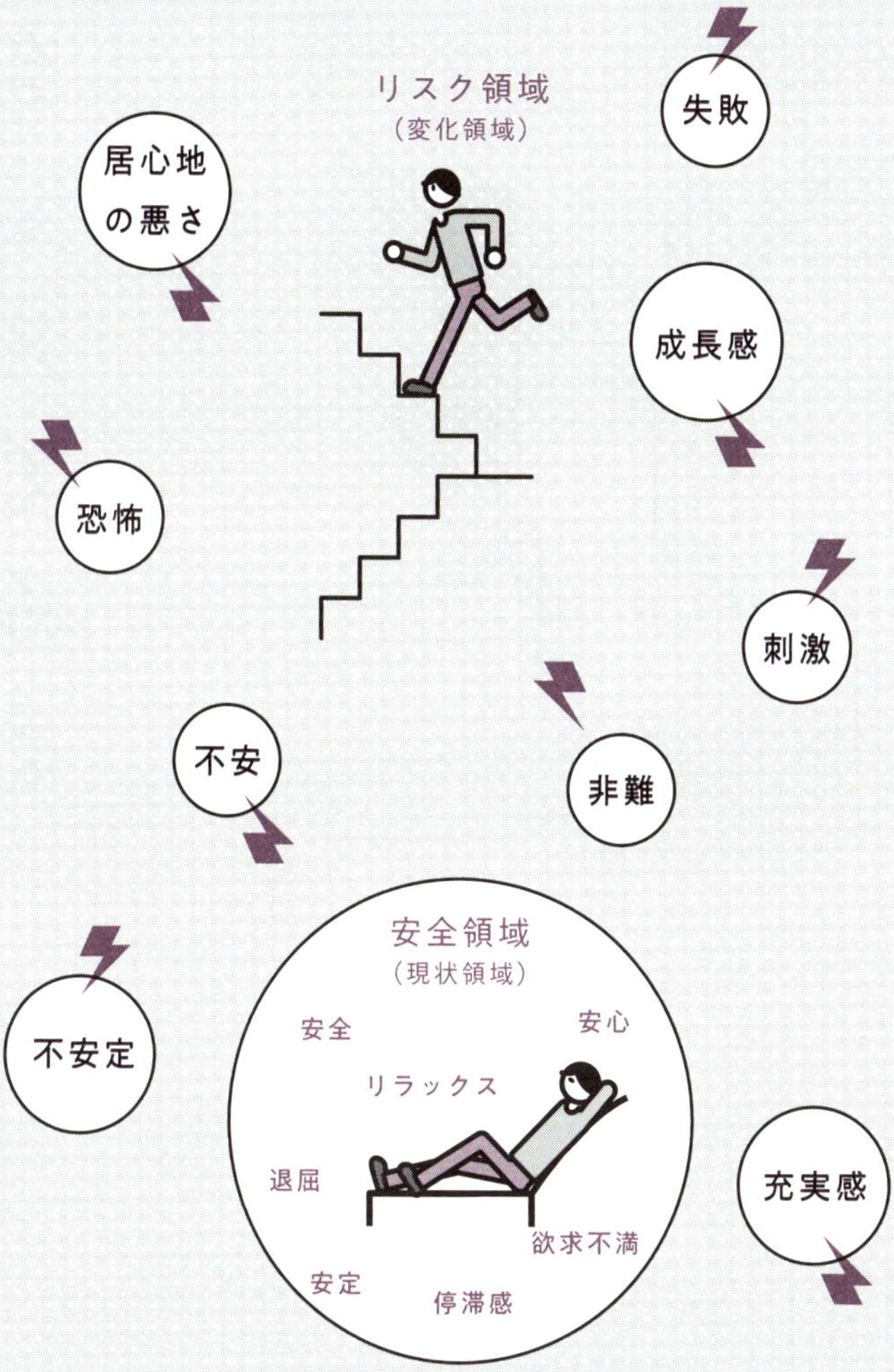
リスク領域
（変化領域）
居心地
の悪さ
失敗
成長感
恐怖
刺激
不安
非難
不安定
安全領域
（現状領域）
安全
安心
リラックス
退屈
欲求不満
安定
停滞感
充実感

SWITCH 60

環境を変えてみる

している人に会えば、

心地良い人間関係は、安心と安全を与えてくれます。気のおけない仲間とのつながりは人生を豊かにしてくれます。

一方で、**新しい夢や目標を目指すならば、それを実現している人やそこに同じ熱量で向かう人と同じ空気を吸い、刺激を受ける**ことも重要です。

私たちは紙の上に書いた夢や目標だけではリアリティが持てないので、新しい世界に入り、人を見て、聞いて、感じることで臨場感を得られます。

今の自分が思い描く理想を実現目標や課題が見えてきます

環境の習慣

私が前職の会社から独立しようとしたとき、周りの上司や先輩・同僚に独立すると伝えると、「そんなにスキルも人脈もない、計画もないのに無謀すぎる」「好きなことで生きていけるほど世の中甘くない」「28歳で夢を見るには、もう遅い」とも言われました。たしかに28歳でコーチングを学んで9ヶ月、クライアントも1名、2万円の契約がある中での船出はかなり無謀に映ったと思います。

一方、このころ個人事業主や起業家が集まる読書会に定期的に参加していました。この場で私が同じ話をすると、「死ぬ気でやればなんとかなるよ！　がんばれ！」「好きなことじゃないと、続かないし成功しないよ」と言われたのです。

Q あなたを変えてくれる環境にどうやってアクセスしますか？

「28歳で夢を見るには、もう遅い」と言われた話をすると、ある人は、「俺なんて52歳で独立したけど……」と話してくれました。

コミュニティが変われば集まる人も違います。その人たちの行動や思考パターンは私が日常的に接する人たちとはまったく異なり、ここまで解釈が違うものかと驚いたものです。

この違いはどちらがいい、悪いではありません。

それぞれのコミュニティには、**独自の〝常識〟**があり、価値観が違えばすべてが変わります。その集団に存在する行動・思考・価値観のパターンに浸ると朱に交わりその色に染まっていきます。

独立している人が集まるコミュニティに入ってみる

A

意識の高い人が集まるビジネススクールに通う

私たちの行動・思考・感情・ビリーフというのは、**他者と交わりながら相互作用的につくられてきたもの**です。

個人も集団も慣れ親しんだ行動・思考パターンに安心・安全・安定を感じ安住したくなります。

そして、それらを崩してくる考え方を激しく否定します。天動説が信じられていたときに地動説は安定を崩す危険思想として否定されました。

もし自分を飛躍させたい、人生を大きく変えたいと願うならば、それを後押ししてくれる環境、すでにその生き方をしている人と交わることで、大いなる刺激を受けることができます。

SWITCH 61

自分の憧れ・手本となる人を持つ

追いつくために、

「人生が変わった！」というターニングポイントには、必ず人との出会いがあります。その中でも、**憧れや手本となる人との出会いはとくに影響が大きい**ものです。

19歳のころに、あるテレビ番組で経営コンサルタントの大前研一さんがすさまじい切れ味で話をしている姿を見て衝撃を受けました。ロジカルな頭脳、独創的な発想力、豊富な言語表現力、パワフルなプレゼンテーション、そのすべてに魅了されました。

憧れの存在がいれば、その人にずっと努力しつづけられます

その後、23歳で大前研一さんのアタッカーズ・ビジネススクールに行き、27歳のときには問題解決力トレーニングプログラムを受けました。彼の著書は50冊以上読み、講演も何度も聞きました。

私は「1年に1つ、深く研究するテーマを決めて本にする」を続けています。毎回新しいテーマを持ってメソッドをつくっています。これは大前研一さんのスタンスを真似したものです。76歳になった今も知的好奇心を失わず、つねに新しい時代の経済や企業の問題を解決し、新しい本を出し続けています。分野はまったく異なりますが、創作者、仕事人として私に最高の影響を与えてくれた人です。

ちなみに、大前研一さんの衛星放送「ビジネス・ブレークスルー」とPEG

Q あなたの限界を超えさせてくれる「憧れ・手本」となる人は誰ですか？

Lという大前式英語プログラムで私は2時間にわたり「習慣化」の講義をさせていただきました。私がどれだけ感無量に浸ったかはご想像にお任せします。（笑）

私のこれまでを振り返っても、コーチングの分野では谷口貴彦さん、NLP（Neuro Linguistic Programing：神経言語プログラミング）では山崎啓支さん、研修講師ではジェイソン・ダーキーさんが与えてくれた影響は非常に大きなものです。

自分が行き詰まったときに、師と仰ぐ人、目標となる人の言葉を思い出すと突破口を見つけるきっかけになります。

「成長し続けたい！」「小さな自分の殻を破りたい！」と思うのであれば、より大きな存在を見ていると、自分ももっと

部下に頼りにされ
上司・顧客から
信頼されるN部長
のようになりたい

A

イチローのように
地道な努力と
最高を求める姿勢
を貫きたい！

がんばろうという気持ちになれます。

心を魅了してやまない存在が見つかるかどうかは、偶然の出会いによるところも大きいですが、見つかると少しでも追いつきたいと思って努力するモチベーションになっていきます。ちなみに、全人格レベルまで手本になる人を探すのは無理があります。スキル面・能力面・マインド面でそれぞれ目指す人を変えたほうが現実的です。私もそうしています。

こういう**人との出会いは人生を変えるキッカケ**になります。

憧れの存在が見つからない人は、探すという行動に集中してみてください。見つかるととても良いお手本になり、リアルな成長目標になります。

てみると、

自分の波長に合う仲間と時間を過ごす

人間関係は波長が合うか合わないかがとても重要です。

小学校、中学校、高校のクラスを思い出してみてください。クラスに30名もいると、誰が決めるともなく、自然とグループが出来上がっていたと思います。そして不思議と、やんちゃな子、派手な子、体育会系、文化系など、自分にとって居心地の良いグループと悪いグループがあったと思います。

私はクラスで目立つグループには居心地の悪さを感じていましたし、体育会系

色々なコミュニティに身を置き
あなたの居場所が見つかります

のノリも自分の波長に合いません。だからといってクラスでいちばん目立たないグループにいるわけでもありませんでした。そもそも群れるのが嫌いな私は、同じような3人グループでフラフラしているのが好きでした。

協調性を発揮するタイプではありませんが、だからと言って不協和音を発することもしません。なんとなく、この立ち位置が集団の中で居心地が良かったのです。

波長で人間関係を選ぶのは自然なことであり、違和感があるのに損得勘定で人間関係を選ぶと結果的に長く続きません。男女の仲も同じでしょうが、一言で言えば、**「相性が合うかどうか」**です。

Q

あなたと波長が合うのは
どんな人たちですか？
波長が合わないのは
どんな人たちですか？

自分の波長に合うかどうかは、その集団の中に入ってみるとわかることがあります。

　私は独立起業をするときに、コーチング以外にもカウンセリングやコンサルタント、士業などの選択肢を広げて、コミュニティや勉強会に参加しました。

　自分がなにをしたいか見極めるために、各集団の中に入ってみましたが、コーチングに集まる人たちと不思議と波長が合い、いちばん自分らしくいられたのでした。

　同じように空手をはじめる前に、太極拳、柔術、合気道も見ましたが、いちばん波長が合うのは空手をしている人でした。

今参加している
読書会の人とは
なぜか共鳴する

起業セミナーに
行くとガツガツ
している人ばかり
で私には合わない

A

波長が合う人と一緒にいると、本質の部分がしっくりくるという感覚を味わえます。ただし、居心地が良いとは限りません。

居心地の良さはレベルが同じであることが多く、成長していくためには、〈SWITCH60．環境を変えてみる〉のとおり、より高い目線の人たちと交わることが重要です。本項でいう波長とは、同じ種であることのサインを感じるものだと思っていただければ60との混乱はないかと思います。

たんぽぽやひまわり、バラ、サクラは種の違いであり、この本質がどれだけ美しく咲いているかの差はあります。

チャンスに気づく感度を高めておく

ように突然訪れます。

「引き寄せの法則」とは、私たちが心で強く願ったことは、現実となっていくという考え方ですが、同じような概念に**シンクロニシティ（共時性）**という、心理学者のC・G・ユングが提唱したものがあります。これは、**心で感じたことや願ったことが、まるで本来意味があったかのように偶然起きる出来事とつながり、気づきや出会い、ヒントをもたらす**ことをいいます。

ユングは、一見別々の出来事もすべて深層でつながって、おたがいに連動して

人生を変える転機は、流れ星のオープンマインドで待ちましょう

おり、シンクロニシティはたんなる偶然ではなく規則・法則の産物であると考えました。

私の人生で、引き寄せとシンクロニシティが起きた出来事は次のとおりです。

私が2006年に、当時勤めていた会社をやめようか迷っていたときのことです。日経新聞をパラパラ見ていたら、「雇われない生き方」というリクルートのアントレの広告の言葉が目に飛び込んできて、心の内側が「そう、雇われない生き方がしたいんだ！」と共鳴したのでした。心の高揚感を感じた私は、早速、水道橋で行なっていたアントレのイベントに参加したところ、「雇われない生き方」には多様な方法があると知り、独立

あなたへの質問

Q

あなたの過去のシンクロはなんですか？
どんなサインを受け取りどのような行動しましたか？

することを決意しました。実はこの時点では、なにをするかは決まっていませんでした。

　独立を決意した日、学生時代の友人に声をかけ起業しないかと誘いました。大きな決断であるはずなのに、あっさり彼は「うん、やろう！」と言ったのです。これも不思議な巡り合わせでちょうど彼も勤めている会社で行き詰まり、独立が頭をかすめていたそうです。ここから2人で、毎晩のようにファミレスで事業アイデアを練っていると、その友人が「古川くんは、コーチングがいいんじゃないか」と勧めてくれました。早速コーチングの本を読むと、「これぞ私が求めるものだ！」と共鳴し、コーチングスクールに入り、プロコーチとして独立しました。

ボランティア活動の仲間から偶然、紹介されて妻と出会えた

偶然読んだ本から啓示を受けて、エンジニアになることを決意した！

A

その後もさまざまなシンクロが起きて習慣化にたどり着きました。

人生とは不思議な偶然から展開してくるものです。人生を変えるサインや兆し、人との出会いは実にたくさん存在しているのです。しかし、それは**強く願った人だけにしか見えなかったり、流れ星のように天空に目を向ける人だけが気づけたりする**ものなのです。これは理屈ではなく、感性で感じ取るものです。

そうしたシンクロとの出会いには、心が「おっ！」というサインを送ってきます。そんなときは迷わず受け取ってすぐに行ってみる・やってみる・会ってみることです。小さな行動から、運命が動き出します。

SWITCH 64

良いタイミングを待つ

と動きましょう！

サーフィンで、サーフボードに腹ばいになり両手で水をかいて前進することをパドリングと言います。

波が来ていないときに無理に乗ろうとしても意味がありません。サーファーはパドリングして波がありそうなところに向かって、乗れる波がくるまでは亀のようにサーフボードでパドリングして待つのです。

「機が熟す」「運が向いてきた」という表現がありますが、物事にはそれが成就

スタンバイしておいて、最適なタイミングが来たらパッ

するタイミングがあります。人生も変わるタイミングを待つという発想を持ってみることで視野が広がります。

私が主宰する「習慣化の学校」には、人生を変えたいという願いを持つ人がやってきます。私が6年間やり続けて良くわかったことは、**人生の舵を大きく切るときには、なんらかの異変がキッカケとなる**ということです。

その異変とは、突然左遷された、恋人と別れた、社長が交代して方針が変わったなどです。そして人は、その異変により崩れたバランスを立て直すために、新しく人生の舵を切ろうと決断します。

人間の深層心理は、「安全・安心・安

あなたへの質問

Q

これまでの人生で変わるタイミングはどのようにして巡ってきましたか？次のタイミングをどのようなマインドと行動で待ちますか？

定」を好むため、まあ我慢できるレベルの不満であれば勇気を持って人生の舵を切ることはできないものです。ところが、先ほどのような不運や不遇であっても人生に変化が起きるとき、ある意味でチャンスがやってきます。

左遷されてはじめて自分の人生を考えようと自己改造をはじめたキャリアウーマンがいます。45歳で研究の専門職から獣医になった人がいます。管理職になったとたん、やりがいを失い、自らのキャリア考えた末の決断でした。ある人は、印刷会社の営業職をして、何不自由ない生活をしていました。ところが彼女にプロポーズをして承諾されてはじめて「このまま一生大阪で営業をし続けてええん

経営難のときに
資格の勉強をはじめ、
それが認められて
経営企画部に入れた

経営統合により
働き方に疑問を
抱き、セミナーを
受けはじめた

A

やろうか？」と迷いはじめました。長期的な未来を考えたときにずっとやりたいと思っていた農家に転身することになりました。

私も、採用してくれた部長が職場異動になり、自分のキャリアを真剣に考えるスイッチが入りました。どうがんばっても、結果がでないときや変われないとき、自分が動けないときは、もしかしたらそのタイミングではないのかもしれません。

ただし、気をつけなければならないのは「そこでやめてしまったら終わり」ということです。パドリングを続けて波が来るのを粘り強く待つのです。

そのためには、オープンマインドで機会や兆し、タイミングを積極的に窺う、受け取ることが必要です。

のチャンスです。

最高のフィードバックをもらう

フィードバックなしに成長はありません。

フィードバックがない状態というのはあたかも、「暗闇でゴルフの練習をするようなもの」です。暗闇でショットを打ってもどっちにどれだけ飛んだかわからず軌道修正できません。

また、ゴルフで言えばフィードバックを受けなければいけないのは、自分のスイング、体の使い方です。自分の姿は自らで確認ができません。

ネガティブな意見や評価は成長自分の糧にしましょう！

人からの指導や反応をもらい、軌道修正することが変化と成長には欠かせません。

フィードバックの多くは耳に痛いことだったり、目上の人からの叱咤激励かもしれません。それゆえ、なるべく聞きたくないものですが、**自分が夢や目標を持ったとき、先人の知恵・教えとともに必要なのがフィードバック**です。

私のケースで2つお話しします。

ある人から「あなたがやっている研修講師の仕事は、繰り返し同じ内容を教えているだけだから知的成長がない」と言われました。私にとって強烈な侮辱でした。激しい憤りを感じたことは言うまでもありません。

Q 誰にフィードバックを受けにいきますか？

しかし、同じコンテンツを来る日も来る日も繰り返し教えていた私にとって、自らの創作活動にもっと時間を使っていくべきだという気づきを得て、活動の見直しを決断しました。そう言われなければ、安定した中で、疑問を感じずに研修講師をやっていたかもしれません。頭には来ましたが、「そうかもしれない」「じゃあ、どうしようか？」と思えたことが大きな転機になりました。

別の例は批判的な書評です。

私の処女作『「続ける」習慣』という本に対して、ある書評で「3ヶ月続く手法だとしても、3年続くものだとは思えない」と批判されました。素直にフィードバックとして受け取ると、「たしか

手本とする人から
強みと課題を
率直に聞いてみる

A

家庭を良くする
ために自分に
なにを変えて
欲しいか妻に聞く

に3ヶ月の継続と、3年の継続はメカニズムが違うなー」と思え、自らの論をブラッシュアップして、コンサルティングの幅が広がりました。これはフィードバックを受け取った結果であり、この書評に今では感謝しています。

積極的にフィードバックをもらう機会を得て、自分の行動を軌道修正するエネルギーに変えていくのは必要なことです。中堅社員以上になると、誤りを指摘してくれる人は少なくなってきます。アントニオ猪木さんの闘魂注入の張り手のような目がさめる一撃は、自分を変えてくれるものになります。

おわりに

最後までお読みいただき、ありがとうございました。

本書は、「習慣化大全」と題して書きましたが、その中核的コンセプトは「自分をうまく乗せる習慣」です。

どうすれば、自分の行動を乗せられるか？（行動の習慣）
どういうモノの考え方、捉え方をすれば乗れるのか？（思考の習慣）
気持ちを乗せるためのビリーフや欲求はなにか？（感情の習慣）
自分を乗せてくれる環境はどこにあるのか？（環境の習慣）

本書でお伝えしてきたように、習慣化は人生に非常な大きな意味を占めるものです。習慣にまつわる格言が、古今東西とても多いこともそのあらわれでしょう。

5つの名言・故事から習慣化の本質を読み解いてみます。

「人生は習慣の織物である」

スイスの哲学者アンリ・F・アミエルの言葉です。

「無意識に繰り返すパターン（＝習慣）」と定義するならば、まさに私たちの人生は、「行動の習慣」「思考の習慣」「感情の習慣」「環境の習慣」といったさまざまな次元の習慣が相互に影響し合った織物のようです。

この習慣の深層構造については序章で私なりに構造化した内容を紹介しました。

「人は習慣によってつくられる。優れた結果は一時的な行動ではなく、習慣から生まれる」

古代ギリシャの哲学者アリストテレスの名言です。

これほど、行動の習慣に関する本質を言いあらわした言葉はないと思います。読むたびに習慣が偉大な結果を生むことを教えてくれます。ビジネスもスポーツも勉強も、そして人間も習慣の産物です。優れた結果は、行動の継続から生まれる。本書第1章の「行動の習慣」の中心テーマでした。

「継続は力なり」

私たちがふだん好んで使うことわざです。ここでの「継続」には、2つの意味があります。

1つ目は、特定の行動の継続という意味です。毎日1時間読書することを習慣にしたとします。1冊を5日で読み終わるとすると、1年間で73冊、3年間で約220冊にもなります。読書の継続により、知識が増え、視野は広がり、思考力も磨かれるでしょう。

2つ目は、チャレンジの継続という意味です。新しい挑戦には失敗がつきものです。失敗して怒られたり、恥をかけば心が折れそうになったり、挫折した経験は誰にでもあると思います。そんなとき、再度奮起して前に進めるか、そこでやめてしまうかで命運が分かれます。この挑戦を継続するときに重要なのが、その状況に対する見方・捉え方をプラスに転換できるかです。

第2章で思考の習慣に焦点を当てた理由はまさに継続は「行動の技術」だけではなく、モノの考え方、捉え方でその後の展開が変わってくるからです。

「好きこそものの上手なれ」

故事ことわざ辞典によれば、「誰でも好きでやっていることは一生懸命になるし、それに関して勉強したり工夫したりするので、自然に上達するものである」という意味です。

2019年3月にシアトル・マリナーズのイチローが引退会見を行ったときに、「子供たちへのメッセージは?」と聞かれて次のように答えていました。

「熱中できるもの、夢中になるものが見つけられれば、それに向かってエネルギーを注げるので、そういうものを早く見つけてほしいと思います。

それが見つかれば、自分の前に立ちはだかる壁に向かうことができると思うんですね。それが見つからないと、壁が出てくると諦めてしまう。自分に向くか向かないかよりも、好きなことを見つけてほしいと思います」

ここでの「好き」は、たんに「楽しい」というものではなく、熱狂・熱中・没頭する対象を指しているといえます。好きなことは、続きます。使命感や情熱を持っていることは多少の困難があっても継続していきます。

「継続したい」「挑戦したい」という気持ちは感情から生まれているということから、第3章では感情の習慣に着眼しました。

「朱に交われば赤くなる」

人は一緒にいる人たちの行動、思考、感情の習慣に影響を受けます。そして、自分がいる環境も習慣といえます。どんな環境に身を置いているかも繰り返すパターンだからです。

環境があなたの行動、思考、感情に強く影響を与えています。裏を返すと環境をどうするかで私たち、そして人生を変えることができます。

第4章では、環境の習慣として、自分を変える環境のつくり方を解説しました。

以上、5つの格言から習慣化の本質に迫ってみました。

本書は、勉強の書ではなく、**実践の書**です。

ご自身の「続かない」「先延ばし」「マイナス思考から抜け出せない」「やりたいことが見つからない」「一皮剥けて成長したい」など、テーマを掲げて日々実践をしてみてください。

自分を乗せるスイッチはたくさんあれば、手を変え品を変えて習慣化にアプローチできます。微妙な違いでも、本人にとってしっくりくれば大きな違いです。だからこそ、数を重視で65個書きました。

あなたに合うものだけをうまく取り入れていただければ幸いです。

本書では習慣化の具体的な方法を中心にご紹介したので、理論が掴みにくい部分もあったかと思います。

習慣化メソッドについて、より階層的に理解を進めたい方へ、本書の特典として、**人生を変える習慣化メソッド内容解説ビデオと実践フォローメルマガ**（65日）をプレゼントします。弊社ホームページにアクセスすればご利用いただけます。振り返りや日常での実践に生かしていただければ幸いです。

無料フォロー特典（習慣化コンサルティング http://syuukanka.com）

1．習慣化メソッドの講義

本書で紹介した6つのレベルの習慣化構造についてわかりやすく解説している私の講義ビデオを用意しました。本書では理解しきれない文脈があればご覧ください。

2．「習慣化大全」定着フォローメール（無料）

「習慣化大全」の定着のためのフォローメールをご用意しています。

本書の内容は盛りだくさんだったため、消化不良のところもあると思います。

改めてリマインドし、日々の実践に活かすために65回に分けて、習慣化の方法を1つずつリマインドとしてお送りします。

毎朝7時に配信されますので通勤電車の中で1日1つずつ振り返り、実践につなげてみてください。習慣化の一助としてご活用ください。

また、本書の行動習慣、思考習慣、感情習慣に関して、多くの方法を紹介してきましたが、個別にさらに理解を深めたい方は左記の拙著も参考になさってください。

〈行動の習慣〉

『30日で人生を変える「続ける」習慣』日本実業出版社、2010年
『新しい自分に生まれ変わる「やめる」習慣』日本実業出版社、2013年
『人生の主導権を取り戻す「早起き」の技術』大和書房、2015年

〈思考の習慣〉

『図解 マイナス思考からすぐに抜け出す9つの習慣』ディスカヴァー、2018年
『図解 2割に集中して結果を出す習慣術 ハンディ版』ディスカヴァー、2017年

〈感情の習慣〉

『こころが片づく「書く」習慣』日本実業出版社、2018年
『なぜ、あなたは変われないのか?』かんき出版、2016年
『「やりたいこと」が見つかる3つの習慣』日本実業出版社、2011年

最後に、習慣化が人生を変えると私は信じています。
あなたの人生が習慣化によって理想的な方向に向けて前に進むことを願っております。
最後までお読みいただき、ありがとうございました。

2019年5月　古川武士

理想の人生をつくる
習慣化大全

発行日　2019年5月25日　第1刷
　　　　2019年11月5日　第5刷

Author　古川武士

Book Designer　カバー＋装画／西垂水敦　市川さつき（krran）
本文＋図版＋イラスト／小林祐司

Publication　株式会社ディスカヴァー・トゥエンティワン
〒102-0093　東京都千代田区平河町2-16-1平河町森タワー11F
TEL　03-3237-8321（代表）03-3237-8345（営業）／FAX　03-3237-8323
http://www.d21.co.jp

Publisher　干場弓子
Editor　藤田浩芳　木下智尋

Editorial Group　千葉正幸　岩﨑麻衣　大竹朝子　大山聡子　谷中卓　林拓馬
松石悠　三谷祐一　安永姫菜　渡辺基志

Marketing Group
清水達也　佐藤昌幸　谷口奈緒美　蛯原昇　青木翔平　伊東佑真　井上竜之介
梅本翔太　小木曽礼丈　小田孝文　小山怜那　川島理　倉田華　越野志絵良
斎藤悠人　榊原僚　佐々木玲奈　佐竹祐哉　佐藤淳基　庄司知世　高橋雛乃
直林実咲　鍋田匠伴　西川なつか　橋本莉奈　廣内悠理　古矢薫　堀部直人
三角真穂　宮田有利子　三輪真也　安永智洋　中澤泰宏

Business Development Group
飯田智樹　伊藤光太郎　志摩晃司　瀧俊樹　野﨑竜海　野中保奈美　林秀樹
早水真吾　原典宏　牧野類

IT & Logistic Group
小関勝則　大星多聞　岡本典子　小田木もも　中島俊平　山中麻吏　福田章平

Management Group
田中亜紀　松原史与志　岡村浩明　井筒浩　奥田千晶　杉田彰子　福永友紀
池田望　石光まゆ子　佐藤サラ圭

Assistant Staff　俵敬子　町田加奈子　丸山香織　井澤徳子　藤井多穂子　藤井かおり
葛目美枝子　伊藤香　鈴木洋子　石橋佐知子　伊藤由美　畑野衣見
宮崎陽子　倉次みのり　川本寛子　王廳　高橋歩美

Proofreader　株式会社鷗来堂
DTP　株式会社RUHIA
Printing　共同印刷株式会社

ISBN 978-4-7993-2471-4　